★ ★ ★

DES

Lignes de Tchataldja
au Canal de l'Yser

KIRKILISSÉ — CHARLEROI
LULE-BURGAS — LA MARNE
TCHATALDJA — LES FLANDRES

AVEC 14 CROQUIS DANS LE TEXTE

BERGER-LEVRAULT, ÉDITEURS

PARIS	NANCY
RUE DES BEAUX-ARTS, 5-7	RUE DES GLACIS, 18

1915

Prix : 1 fr. 50

DES

Lignes de Tchataldja
au Canal de l'Yser

DES

Lignes de Tchataldja
au Canal de l'Yser

KIRKILISSÉ — CHARLEROI
LULE-BURGAS — LA MARNE
TCHATALDJA — LES FLANDRES

AVEC 14 CROQUIS DANS LE TEXTE

BERGER-LEVRAULT, ÉDITEURS

PARIS	NANCY
RUE DES BEAUX-ARTS, 5-7	RUE DES GLACIS, 18

1915

TABLE DES MATIÈRES

CROQUIS

PRÉFACE

Les heures tragiques sonnent au cadran des destinées mondiales..... Au vibrant carillon des luttes généreuses succède le glas des agressions criminelles.

A l'automne de 1912, un souffle libérateur passe sur l'Europe : Monténégrins, Serbes, Bulgares et Grecs s'unissent pour affranchir leurs frères encore courbés sous le joug musulman.

Ils portent la guerre en Turquie.

Au mois de juillet 1914, un vent de folie secoue la vieille monarchie austro-hongroise.

Poussée par l'Allemagne, elle viole la souveraineté serbe; elle provoque la Russie. C'est le moment choisi par Guillaume II pour imposer la loi germanique à l'univers.

Mais l'Italie se dérobe. Belges, Anglais, Français relèvent le défi ! Leur viril appel aux armes trouve un écho jusque dans les mers lointaines d'Extrême-Orient, où le Japon mobilise.

A la tête des forces bulgares, le tsar Ferdinand a pris le chemin de Constantinople.

Là-bas, au bout de l'étape, la coupole de Sainte-Sophie resplendit sous le soleil d'Orient..... C'est la perspective d'un prestigieux couronnement qui brille à l'horizon et, dans une radieuse vision, la Croix qui apparaît triomphant du Croissant.

L'armée ottomane surprise à Kirkilissé, battue à Lule-Burgas, se retranche sur les lignes de Tchataldja.

Devant le danger national, le soldat turc s'est ressaisi. Il sauvera sa ville sainte.

C'est la défense opiniâtre, la contre-attaque ardente.

L'offensive des Bulgares s'émousse. La volonté stratégique de leurs chefs fléchit. Et le rêve du souverain s'évanouit sur les glacis de Constantinople.

A la tête de ses armées, l'empereur Guillaume II a pris le chemin de Paris.

Là-bas, au bout de l'étape, c'est l'Arc de Triomphe.....

Quelle enivrante chevauchée devant la statue de Strasbourg et le pont Alexandre!

Puis ils crouleront en ruines, ces monuments qui ont vivifié l'âme française dans la religion du souvenir et le culte de la victoire.

La capitale dévastée, le pays frappé de stupeur demeurera inerte..... Et, triomphantes, les légions allemandes pourront courir à de nouveaux combats vers la frontière russe.

Mais l'héroïsme de la Belgique a permis la concentration française et le débarquement des contingents anglais.

D'un bond impétueux que seul le nombre pouvait briser, l'avant-garde des Alliés s'est jetée à la tête du Centaure. C'est Charleroi, un échec.

La masse anglo-française, sans perdre sa cohésion, se replie jusqu'à la Marne.

Puis, s'arc-boutant aux bastions de Paris et de Verdun, elle s'élance sur le Centaure, l'enserre au poitrail et le rejette sur l'Aisne, maîtrisant ses convulsions sur la Somme, en Artois, dans les Flandres.

Dormez en paix, héros de Montmirail.

L'aigle allemand a plané au-dessus de vos tombes..... Il n'ira pas se poser sur le dôme des Invalides.

25 décembre 1914.

Lignes de Tchataldja
au Canal de l'Yser

PREMIÈRE PARTIE

RÉUNION INITIALE

CHAPITRE I

LA SURPRISE STRATÉGIQUE DE KIRKILISSÉ

Sur le théâtre d'opérations de Thrace les forces ottomanes passent aux évolutions stratégiques sans avoir achevé leur réunion.

Dès le 17 octobre, des corps d'armée incomplets quittent la base de concentration et sont mis en marche vers la frontière bulgare.

Le 21, les Ier, IIe, IVe corps sont arrivés à hauteur du IIIe qui se trouvait en couverture à Kirkilissé.

Le 22, les quatre corps d'armée, en ligne sur un front de 40 kilomètres, doivent se porter de Hasköj, Yenitze, Kavakli, Kirkilissé sur Demeranliza, Seliolou, Kéremenlia, Eskipolos et Erikler.

C'est une masse de 70.000 hommes orientée vers le nord-ouest.

Elle fait face aux deux couloirs qui de Bulgarie conduisent à Andrinople, les vallées de la Toundja et de la Maritza, par lesquelles on s'attend à voir déboucher toutes les forces bulgares.

Sur cette hypothèse repose l'ordre de mouvement pour la journée du 22 octobre.

A gauche, les forces ottomanes prennent appui sur la garnison d'Andrinople, 50.000 hommes.

En avant de leur aile gauche elles sont éclairées par la division de cavalerie qui les relie au camp retranché.

C'est à gauche que l'événement est prévu.

Il se produit à droite.

Sur l'aile droite découverte, le général Radko Dimitrief fonce avec 75.000 Bulgares. Il la fixe de front à Keremenlia et Eskipolos, l'attaque de flanc à Erikler et la déborde par Almadjik et Kadiköj.

A sa gauche des comitadjis débouchent de Tirnovo.

A sa droite la division de cavalerie et le général Kutintchef avec deux divisions attaquent le centre et l'aile gauche turcs; la 3e division de la Ire armée et l'armée du général Ivanof immobilisent le corps de défense d'Andrinople en l'assaillant sur les secteurs nord, nord-ouest, ouest, sud-ouest.

Le corps de bataille ottoman est coupé de son pivot, Andrinople, qu'enserrent 70.000 Bulgares.

Il est fixé sur sa gauche et son centre par deux divisions.

11 est attaqué et débordé sur sa droite par une armée entière dont il ne soupçonnait pas l'existence.

A la surprise succède la panique.

Dès le 22 octobre au soir des éléments du IIIe corps et du Ier corps battent en retraite.

Dans la nuit du 23 au 24 les quatre corps d'armée se

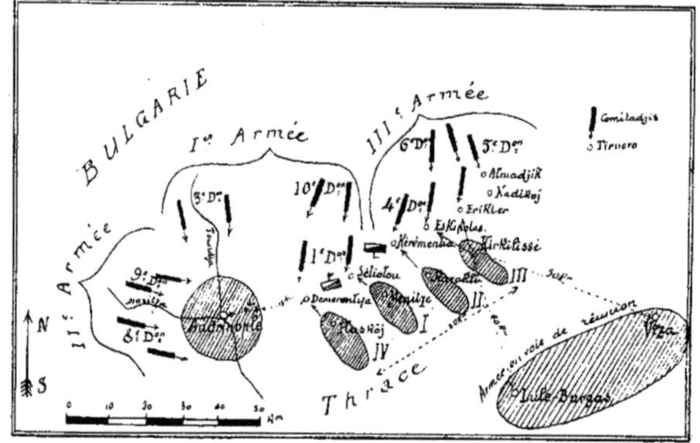

CROQUIS N° 1. — La surprise de Kirkilissé.

dissocient dans une fuite désordonnée vers Viza et Lule-Burgas.

Une telle déroute ne peut être la simple résultante de circonstances fortuites. Il faut, pour l'expliquer, remonter jusqu'à des causes profondes.

Ces causes profondes, nous les trouvons dans l'état

moral de l'armée ottomane affaiblie par les luttes intestines de la Jeune et de la Vieille-Turquie et réagissant encore aux soubresauts de la Révolution de 1908. Les discussions politiques ayant eu un écho au sein de l'armée, l'esprit militaire avait subi un fléchissement dont il s'est d'ailleurs vite relevé sous la pression des événements de guerre.

Au point de vue matériel, la réorganisation de 1910 n'avait pas encore donné son plein effet.

Selon le vieux projet von der Goltz, le nombre des corps d'armée avait été doublé de sept à quatorze. Pour doter les nouveaux états-majors, il avait fallu prélever sur la troupe de nombreux officiers de valeur et l'encadrement s'était sensiblement affaibli.

Les créations nouvelles n'avaient apporté aucune amélioration aux services de l'arrière. L'intendance, en particulier, fut incapable de faire face aux exigences de la situation. Pendant les journées qui précédèrent Kirkilissé, puis au combat, le soldat turc mourut littéralement de faim.

Le témoignage de l'ancien commandant du IIIe corps d'armée est à ce sujet suffisamment explicite. Dans l'ouvrage *Mon Commandement au cours de la campagne des Balkans*, Moukhtar pacha écrit : « A mon arrivée, le « 17 octobre, le corps d'armée ne disposait que de deux « jours de vivres, et il était nécessaire, pour faire face « aux besoins journaliers, de recourir à la réquisition « locale. Le Ier corps n'était pas mieux partagé. Il au- « rait mieux valu suspendre pendant quelque temps « l'afflux de troupes nouvelles et consacrer les marches, « ainsi rendues disponibles, à transporter les vivres « indispensables aux troupes déjà arrivées sur la base « de concentration. Je fus obligé de prier le ministre

« de la Guerre de suspendre l'envoi de troupes et de
« m'expédier à leur place quelques trains de vivres et
« de pain de guerre. »

Les autres services n'étaient pas plus brillants.
Moukhtar pacha ajoute en effet : « Les sections de mu-
« nitions étaient encore en voie de formation à Lule-
« Burgas. Pire encore était la situation en ce qui con-
« cerne les hôpitaux de campagne, les ambulances et
« les boulangeries. »

Les troupes elles-mêmes, incomplètement mobilisées,
réalisaient leur concentration dans des conditions pré-
caires : « La 8e division se réunissait à Tchorlou. A la
« date du 23 octobre, elle ne pouvait fournir au corps
« d'armée que l'appoint de 4 bataillons et de 3 bat-
« teries..... Malgré tout, le IIIe corps était de beau-
« coup le plus avancé dans sa mobilisation..... Le 8e régi-
« ment de cavalerie avait été affecté au corps d'armée,
mais il ne comptait que 200 cavaliers environ. A la
« suite des prélèvements nécessaires pour assurer le
« fonctionnement du quartier général, il ne restait
« presque plus personne disponible..... La division de
« cavalerie ne pouvait guère mettre en ligne plus de
« 1.300 sabres. »

Cette malheureuse armée, insuffisamment préparée
à la guerre, n'était pas encore réunie qu'elle se trouvait
déjà ballottée entre deux volontés.

Son commandant en chef, le général Abdullah pacha,
se proposait, dans le cas où l'offensive bulgare se pro-
duirait avant l'achèvement de la mobilisation, de
demeurer sur la défensive en arrière de la ligne de
l'Ergène.

Mais le ministre de la Guerre, Nazim pacha, décida
que le corps de bataille se porterait en avant, quelle

que soit l'attitude de l'adversaire, sans tenir compte
de l'état des troupes, sans attendre la fin de la concentration.

Qui commande l'armée d'opérations : Abdullah ou
Nazim?

A ces causes profondes de la déroute il faut ajouter
la circonstance fortuite et déterminante : la surprise.

Les Turcs ont été surpris à Kirkilissé, faute d'une
exploration et d'une couverture suffisantes.

Il n'y eut d'observation aérienne ni pendant la concentration ottomane, ni pendant les premières évolutions stratégiques.

Mahmoud Moukhtar pacha nous en donne l'explica-
tion. « Deux avions se trouvaient à Kirkilissé, mais ils
« étaient de modèles différents. Le moteur de l'un et
« un levier de l'autre étaient détraqués. Comme l'un des
« aviateurs ne connaissait pas le fonctionnement de
« l'autre appareil, ils se trouvaient tous deux inutili-
« sables. Après plusieurs jours de travail, on était arrivé
« à remettre les appareils en état, mais les pluies conti-
« nuelles avaient endommagé les ailes et rendaient les
« vols impossibles. Un an auparavant on avait passé
« commande de dix-sept appareils de quatre ou cinq
« modèles différents, et ce n'est que trois ou quatre
« mois avant la déclaration de guerre que douze avions
« étaient arrivés à Constantinople. Mais aucun officier
« n'était capable de les utiliser, car tous ceux qui s'étaient
« occupés d'aviation étaient restés spécialisés dans
« l'étude d'un modèle unique. De plus, le manque de
« hangars mobiles rendait l'emploi des appareils impos-
« sible. Dans ces conditions, on ne put faire usage de ces

« engins achetés à si haut prix et d'une utilité aussi
« considérable.. »

A l'observation aérienne inexistante, l'exploration de
la cavalerie ne suppléa que dans une mesure insuffi-
sante.

Une division avait bien été envoyée au nord-ouest
de Kirkilissé. Mais elle était à faible effectif : 1.300 sabres.
Auprès d'elle aucun groupe de fusils capable de l'appuyer dans quelque grande randonnée : pas d'unités
cyclistes; pas d'automobiles blindées pour le transport
des bataillons de soutien.

Ainsi limitée dans ses moyens d'action, une division
de cavalerie, même mordante, aurait vu sa zone d'action
nécessairement restreinte. Mais la division de cavalerie turque se montra particulièrement peu active :
elle avait été lancée à une vingtaine de kilomètres de
la frontière dès le début de la concentration; ses premiers renseignements utiles datent des 20 et 21 octobre, alors que l'ennemi a pénétré sur le territoire
national, et signalent seulement le débouché du centre
bulgare.

A défaut d'aéroplanes en état de voler et d'esca-
drons capables d'une exploration efficace, l'État-major
ottoman aurait pu disposer d'un service d'espionnage
actif.

Mais cette source d'informations eut un débit aussi
faible que l'aviation et la cavalerie.

Nous en trouvons encore l'aveu dans l'ouvrage de
Mahmoud Moukhtar pacha, qui reconnaît que le 21 octobre « on ne savait rien de bien certain sur l'adversaire.
« Sa zone de concentration, la composition et la répar-
« tition de ses forces continuaient à nous échapper ».

De ces ténèbres devait jaillir, dès le lendemain 22 octobre, la fulgurante attaque du général Dimitrief.

Le corps de bataille ottoman était dans l'ignorance de l'événement.

Se trouvait-il à même d'y parer ?

Tant que les IVe, Ier, IIe corps restèrent sur la base de concentration, dans la zone Eskibaba—Lule-Burgas—Viza, ils furent couverts par le camp retranché d'Andrinople et sa garnison, par les ouvrages de Kirkilissé et le IIIe corps qui les occupait, enfin par la division de cavalerie battant l'estrade en avant du front Andrinople—Kirkilissé.

Mais, par une avance prématurée, précédant l'achèvement de la concentration, le IVe corps se porte d'Eskibaba à Hasköj, et les Ier et IIe corps viennent s'intercaler sur la ligne Hasköj—Kirkilissé entre les IVe et IIIe corps (croquis n° 1).

Puis cette masse de quatre corps d'armée est mise en mouvement vers le nord-ouest.

Son aile gauche reste couverte et par la division de cavalerie et par la garnison d'Andrinople dont la ligne principale de défense se trouve à 15 kilomètres d'Hasköj.

Par contre, son aile droite dépasse les ouvrages de Kirkilissé. Elle est formée par le IIIe corps, jusqu'alors organe de couverture, et qui marche maintenant soudé aux trois autres corps d'armée. De ce côté, il n'y a donc plus de protection stratégique, pas d'yeux pour voir, plus de bras pour parer; aucun élément ne se trouve articulé à distance de manœuvre pour faire face à l'imprévu et conjurer les effets d'une surprise.

Qu'à cette aile découverte un affolement se produise, et la panique se répandra à travers le corps de bataille comme une voie d'eau à travers un navire sans cloison étanche.

Quel secours espérer de la couverture indirecte organisée à 125 kilomètres des corps d'armée turcs, de cette

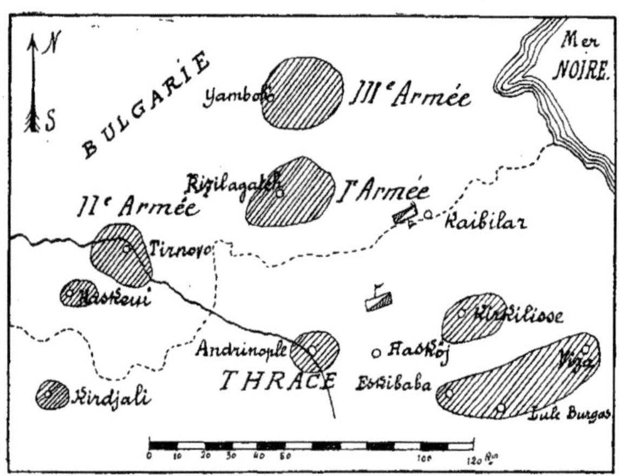

Croquis N° 2. — La réunion initiale sur le théâtre d'opérations de Thrace.

division concentrée à Kirdjali, sur l'offensive de laquelle Nazim pacha fondait les plus grandes espérances et qui fut maîtrisée, dès l'ouverture des hostilités, par une division détachée de la IIe armée bulgare?

La division de Kirdjali ne se trouvait pas montée en système avec le corps de bataille dont elle était séparée par une zone montagneuse. Son action ne pou-

vait être que locale, limitée, incapable de répercussion
sur les armées bulgares bien articulées les unes par
rapport aux autres en vue de la surprise à réaliser.

La manœuvre de Kirkilissé a été favorisée par l'in-

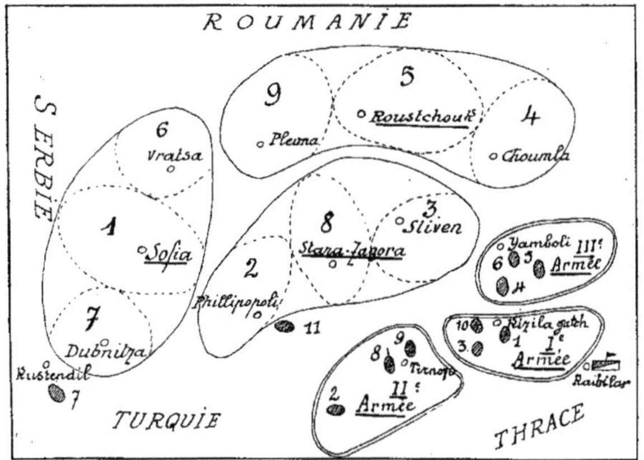

Croquis n° 3. — Inspections du temps de paix et armées de campagne bulgares.

suffisance des moyens dont les Turcs disposaient pour
la déjouer.

Mais il serait injuste de ne pas reconnaître que les
Bulgares surent merveilleusement sauvegarder leur
secret stratégique.

Avec un soin jaloux, ils dissimulèrent en temps de
paix leur projet de réunion initiale.

Leùrs neuf divisions sont groupées en trois inspections d'armée.

Mais ces inspections ont leur siège à Roustchouk, aux portes de la Roumanie, à Sofia, aux portes de la Serbie, à Stara-Zagora, aux portes de la Thrace. Quel indice tirer de la répartition des divisions affectées trois par trois à chacune des inspections?

S'agit-il, en octobre 1912, de procéder à la mobilisation et à la concentration contre la Turquie?

Dans le plus grand secret les groupements du temps de paix se disloquent : complétées à trois brigades, les divisions se répartissent d'après le croquis ci-contre entre les trois armées d'opérations; l'une de ces divisions devient indépendante et se porte vers Kustendil pour opérer en liaison avec les armées serbes; deux divisions de nouvelle formation, la 10e et la 11e, vont l'une vers Kizilagatch se joindre à la Ire armée, l'autre vers Philippopoli former une réserve.

La IIIe armée doit, en se glissant à gauche de la Ire, provoquer la surprise.

De quelles précautions la réunion initiale de cette armée n'est-elle pas entourée?

Elle est concentrée rigoureusement en arrière de la Ire armée.

Et pour dissimuler le mouvement de glissement dans les premières évolutions stratégiques, la division de cavalerie forme à gauche de la Ire armée, vers Kaibilar, un rideau impénétrable.

En fait, les Turcs ne soupçonnèrent même pas la présence de cette IIIe armée, et quand le général Dimitrief déboucha inopinément sur l'aile droite de leur corps de bataille, ce fut la surprise et bientôt la déroute.

CHAPITRE II

L'ÉCHEC DE CHARLEROI

———

Le secret stratégique allemand fut-il sauvegardé?

Le plan fondamental du grand État-major : foncer sur la France pour l'écraser, puis se retourner contre la Russie, n'était un mystère pour personne.

Le vieux de Moltke avait toujours professé qu'il n'y avait pas d'autre ligne de conduite à tenir, si l'Allemagne avait à faire face à la fois sur les frontières de l'Ouest et de l'Est.

La manœuvre débordante par la Belgique était également prévue.

Le développement du camp d'Elsenborn près de Malmédy, l'effort ferroviaire réalisé par les Allemands dans cette région et vers le Luxembourg, enfin l'activité de leur service d'espionnage dans le nord de la France, ne permettaient pas le doute.

Quelle devait être l'amplitude du mouvement offensif à travers la Belgique?

Personne ne le savait exactement.
C'était surtout affaire de circonstances.

La plupart de nos écrivains militaires limitaient la
marche stratégique des Allemands à la rive droite de
la Meuse. L'éclatement de leur flanc droit au delà de
la rivière vers Bruxelles et Anvers n'en avait pas moins
été envisagé.

En fait, c'est cette dernière hypothèse qui se réalisa,
l'armée belge ne s'étant pas contentée de rester en sur-
veillance derrière la ligne de ses forts et l'état de guerre
existant entre la Belgique et l'Allemagne.

La manœuvre débordante par le nord devait-elle
être la manœuvre principale, ou la grande attaque
allait-elle surgir de la région fortifiée Metz—Thionville
pour porter un coup droit contre nos armées et contre
Paris?

C'était l'inconnu.

Il nous fallait en conséquence adopter un dispositif
de réunion initiale suffisamment souple pour faire face
à l'une ou à l'autre éventualité.

Mais, dès les premiers jours d'août, l'attaque acharnée
de Liége et l'invasion de la Belgique en grandes masses
nous livraient le secret stratégique allemand.

Le plan fondamental était donc connu.
La manœuvre débordante était prévue, et, à peine
esquissée, cette manœuvre décelait l'attaque principale.

Il semblait donc que le grand État-major français disposât d'un plan de renseignements complet, lui permettant d'utiliser la souplesse de la concentration pour monter immédiatement une contre-offensive heureuse.

Le plan de renseignements n'était pas complet.

Du moins il était inexact sur un point : le nombre des corps d'armée allemands participant aux premières évolutions stratégiques.

Le Bulletin officiel résumant les opérations du 2 août au 2 décembre fait en ces termes l'aveu de l'erreur commise.

« Tout d'abord, notons la force de l'adversaire qui nous fait face.
« Nous le savions puissant et minutieusement préparé à cette
« guerre que sa diplomatie a préméditée et déchaînée : son effort
« contre nous a dépassé pourtant les prévisions. »

L'Allemagne disposant de vingt-cinq corps d'armée actifs, il était logique d'admettre qu'elle en attribuerait quatre ou cinq au front russe et qu'elle en lancerait une vingtaine contre nous en première ligne.

En fait, dès le 2 août, vingt et un corps actifs et treize corps de réserve étaient mobilisés et se concentraient contre notre frontière.

Nous subissions la surprise du nombre.

« Le militarisme prussien, écrivait le général Bonnal dans le
« *Matin* du 12 novembre, adopté et pratiqué par tous les Allemands sans distinction, a ceci de très remarquable, qu'il excelle
à surprendre les secrets des autres nations et à cacher soigneusement les siens.
« Ainsi nous étions enveloppés d'un immense réseau d'espion-

« nage, pendant que le secret le plus absolu ne cessait de garantir
« le plan de guerre des Allemands contre toute indiscrétion suscep·
« tible d'ouvrir les yeux de l'étranger sur les projets du grand
« État-major, même quand ceux-ci recevaient déjà un commen-
« cement d'exécution. »

Nous avions percé le plan de manœuvre allemand.

Mais nous n'avions pas su découvrir l'énormité des
effectifs qui devaient, *ex abrupto*, être employés à la
réalisation de ce plan.

Nous avions cru que, comme ils le proclamaient,
nos adversaires concentreraient leurs corps de réserve
en deuxième ligne sur le Rhin.

Ces corps de réserve furent adjoints aux corps actifs
en première ligne.

Au lieu des vingt à vingt-deux corps auxquels nous
nous attendions, trente-quatre corps d'armée nous tom-
bèrent sur les bras dès le début de la guerre. A ces
trente-quatre corps vinrent encore s'adjoindre, fin
août, quatre corps d'Ersatz, en septembre huit corps de
landwehr, en octobre cinq demi-corps de réserve de
formation récente et une division de fusiliers marins.

La surprise du nombre entraîna-t-elle une surprise
stratégique des forces françaises dans le style de Kirkilissé?

En aucune façon.

D'abord le haut commandement resta pleinement
conscient des obligations et des sacrifices que lui imposait la situation.

« Le général Joffre mérite la reconnaissance des Français, pour
« avoir gardé tout son sang-froid et son espoir de vaincre au

« milieu des dangers terrifiants causés, vers la fin de juillet 1914,
« par l'irruption soudaine en Belgique d'une masse allemande
« évaluée à 2 millions d'hommes (1). »

Ensuite le corps de bataille français ne resta pas, comme l'armée ottomane de Thrace, plongé dans les ténèbres jusqu'à l'événement.

Merveilleusement éclairé par une phalange d'aviateurs aussi audacieux qu'habiles, il fut très rapidement averti du danger.

Dès les premières évolutions stratégiques, la surprise du nombre cessa.

Sans doute, notre grave infériorité numérique subsista, et il ne fut pas possible d'en conjurer toutes les conséquences.

Mais nous fûmes, au début même des opérations, renseignés sur la présence des corps de réserve allemands auprès des corps actifs de première ligne.

« Un coin du voile fut déchiré (2) dans les premiers jours de
« l'invasion allemande en Belgique, grâce à l'exploration aérienne
« de deux aviateurs français au sujet desquels le *Matin* d'hier
« raconte les faits suivants :
« Au cours d'une exploration, nos deux aviateurs avaient
« observé le débarquement de deux corps d'armée allemands
« en des gares voisines du territoire belge.
« Comme les corps d'armée allemands de l'armée active avaient
« été soigneusement repérés, on fut très surpris chez nous du
« débarquement à la frontière belge de ces deux nouveaux corps
« d'armée. Afin de bien s'en assurer les deux aviateurs eurent
« l'ordre de renouveler leur reconnaissance. Elle leur montra les
« deux corps d'armée allemands échelonnés en formation de
« marche, sur des routes conduisant des gares de débarquement
« vers l'intérieur de la Belgique. »

______

(1) « Vers le Succès final », *Matin* du 12 novembre (Général BONNAL).
(2) « Vers le Succès final », *Matin* du 5 décembre (Général BONNAL).

« Il n'y avait plus de doute à avoir : les Allemands mettaient

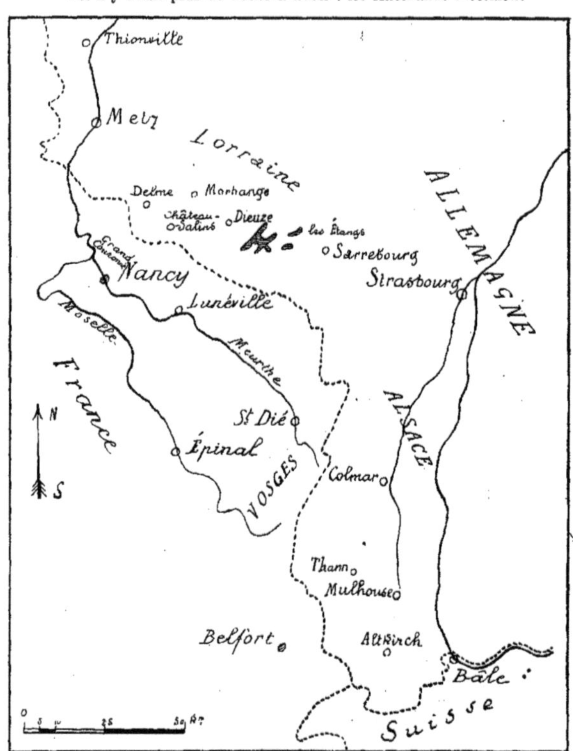

CROQUIS N° 4. — Le théâtre d'opérations d'Alsace-Lorraine.

« en première ligne des corps d'armée de réserve. »

Éclairées par une « exploration » vigilante, les forces françaises étaient « couvertes » sur le front et les flancs de leurs zones de réunion.

Le corps de bataille était monté en une série de systèmes articulés se reliant entre eux.

La liberté stratégique du général en chef et celle de ses commandants d'armée se trouvaient ainsi sauvegardées.

Une surprise de Kirkilissé n'était pas à redouter.

Quels furent donc les prodromes de l'échec de Charleroi?

Le *Bulletin officiel des Armées* analyse comme il suit les événements du 2 au 24 août :

« Notre concentration devait être assez souple pour nous per-
« mettre de porter notre principal effort sur le terrain où l'ennemi
« se montrait le plus actif.

« La violation de la neutralité belge nous renseigne sur les
« intentions de l'État-major allemand : c'est au nord que se
« jouera la grande partie.

« Obligés d'attendre, pour engager cette partie, l'entrée en
« ligne de l'armée anglaise qui ne doit avoir lieu que le 20 août,
« nous prenons aussitôt des dispositions pour retenir en Alsace
« et en Lorraine le plus grand nombre possible de corps allemands.

« En Alsace, notre première attaque, mal conduite, nous mène
« à Mulhouse, mais ne peut s'y maintenir (7 août).

« Une seconde attaque, dirigée par le général Pau, nous y
« ramène. Le 23 août, nous tenons par les Vosges et par la plaine
« les accès de Colmar. L'ennemi a subi de grandes pertes.

« Mais, dès ce moment, les événements malheureux de Lor-
« raine et de Belgique nous obligent à restreindre en Alsace le
« champ et l'intensité de notre effort (26 août).

« En Lorraine, notre offensive avait brillamment commencé.

« Le 19 août, nous avions atteint Sarrebourg, Les Étangs, Dieuze,
« Morhange, Delme, Château-Salins.

« Mais, à partir du 20, l'ennemi, fortement retranché sur un
« terrain très organisé, reprend l'avantage.

« Le 22, le 23 et le 24, nous devons nous replier sur le Grand
« Couronné de Nancy et au sud de Lunéville.

« Le 25, une contre-attaque simultanée des armées Dubail et
« de Castelnau consolide définitivement notre position.

« Que s'était-il entre temps passé en Belgique?

« Sept ou huit corps d'armée allemands et quatre divisions
« de cavalerie, triomphant de la magnifique résistance de Liége,
« cherchaient à avancer entre Givet et Bruxelles et à prolonger
« leur mouvement plus à l'ouest.

« Dès que l'armée anglaise fut prête dans la région de Mons,
« nous prîmes l'offensive dans le Luxembourg belge et avec les
« armées des généraux Ruffey et de Langle de Cary. Cette offensive
« fut immédiatement enrayée et avec de grosses pertes pour nous.

« Ici encore le terrain avait été fortement organisé par l'en-
« nemi. Il y eut aussi, dans certains de nos corps, des insuffisances
« d'instruction et d'exécution (21-23 août).

« A la gauche de ces deux armées et en liaison avec l'armée
« anglaise, l'armée du général Lanrezac, inquiète pour sa droite,
« se replie alors (24 août) sur la ligne Beaumont—Givet. »

A ce résumé officiel des opérations qui se sont dérou-
lées du 2 au 24 août sur le théâtre de guerre franco-
allemand, nous joindrons un article intéressant paru
dans la *Liberté* du 4 décembre, sous le titre de « Bataille
de Charleroi » :

« Nous permettra-t-on de faire aujourd'hui un peu de lumière
« sur la bataille de Charleroi?

« Vingt-deux jours déjà s'étaient écoulés depuis que le premier
« casque à pointe avait paru en Belgique, quand le Gouvernement
« français annonça, dans une note éloquente, sa résolution de
« tout faire pour libérer le territoire de la Belgique » dont l'Alle-
« magne, au mépris de tous les droits, avait violé la neutralité.

« Au 21 août, le nord et le centre de la Belgique sont envahis, et
« cependant la Meuse, avec ses remarquables défenses naturelles,

« forme toujours, de Liége à la frontière française, une ligne que
« n'a pas pu encore franchir l'ennemi. Le 24 août, répondant à
« la note du Gouvernement et à la promesse solennelle de la
« France, le communiqué nous informait que la grande bataille
« était engagée en Belgique.

« A la vérité, elle l'était depuis huit jours déjà. Le 17 août,
« une attaque allemande contre Dinant était énergiquement
« repoussée par les divisions des 1ᵉʳ et 2ᵉ corps, chargés de défendre
« les ponts de la Meuse, sous les ordres du général Mangin. Le
« communiqué officiel du 17 août signalait que « les forces alle-
« mandes comprenaient la division de la Garde et la 1ʳᵉ division
« de cavalerie avec un appui d'infanterie de plusieurs bataillons
« et des compagnies de mitrailleuses ».

« Arrêtés, puis repoussés par nos troupes sur la ligne Namur —
« Dinant—Givet, les Allemands remontèrent vers le nord et
« prononcèrent une nouvelle attaque entre Namur et Liége.
« La Meuse dans toute cette région est beaucoup moins difficile
« à passer qu'entre Namur et Givet : ses bords étant moins escar-
« pés, le génie a vite fait de multiplier les ponts de bateaux. La
« défense de cette ligne était confiée à l'armée belge qui s'appuyait
« à la forteresse de Huy. Seulement, d'une part, les Belges étaient
« trop peu nombreux pour résister à la masse allemande; d'autre
« part, ils risquaient d'être pris en arrière et complètement en-
« veloppés par les troupes ennemies qui arrivaient sans cesse par le
« nord et par la Hollande. Contraintes de se replier, leur retraite
« permit aux Allemands de passer la Meuse entre Namur et Liège
« et de rejoindre par cette nouvelle route leurs masses du nord.

« Les divisions, brillamment commandées par le général Man-
« gin et qui avaient obtenu l'avantage à Dinant, reçurent l'ordre
« de se porter en avant à l'ouest de Namur, afin de barrer la route
« à l'ennemi entre Namur et Charleroi. Elles furent remplacées
« par une division de réserve du 1ᵉʳ corps sous les ordres du
« général Boutegourd, qui prit à son tour la défense de la ligne
« Namur—Dinant—Givet. Certes, la défense était secondée par
« les positions naturelles des bords de la Meuse. En outre, on
« avait pris la précaution de faire sauter tous les ponts, sauf celui
« de Dinant, qui, dans la pensée du haut commandement, devait
« nous être d'un grand service pour la réalisation du plan d'offen-
« sive générale. Seulement, étant donné le nombre colossal d'hom-
« mes que l'Allemagne allait jeter sur nous, une seule division de

« réserve, c'est-à-dire de soldats peu entraînés, soutenue par

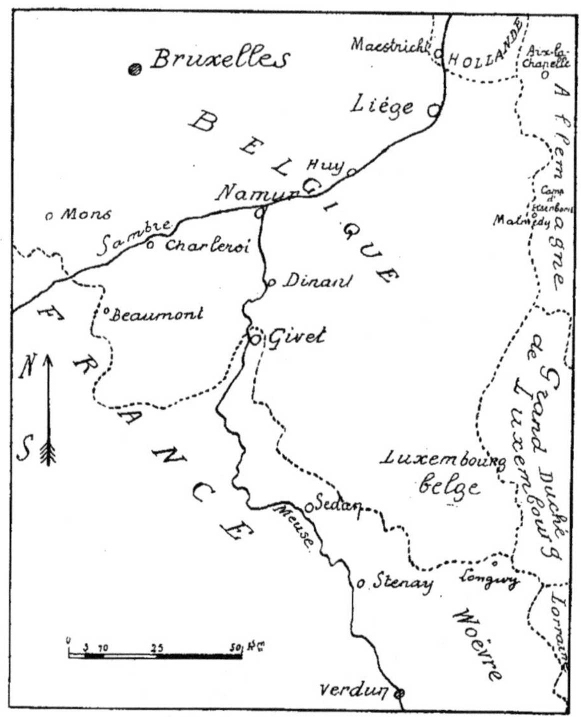

Croquis Nº 5. — Le théâtre d'opérations de Belgique.

« quelques batteries d'artillerie, c'était insuffisant pour garder
« la porte de Dinant, si bien qu'elle le fût déjà naturellement.....

« Du moins c'était insuffisant pour la garder longtemps. Or,
« si le plan d'attaque, tel qu'il avait été conçu, — et remarquable-
« ment conçu, — s'était poursuivi normalement, et si, pour repren-
« dre les termes d'un communiqué, *des difficultés d'exécution
« impossibles à prévoir* n'étaient survenues, la division Boute-
« gourd n'eût pas été immobilisée le long de la Meuse et finale-
« ment culbutée. Du front Sedan—Stenay—Longwy, la IVe armée,
« appuyée à droite par l'armée de la Woëvre, devait monter en
« effet de la frontière française en Belgique et prendre l'ennemi
« de flanc sur la rive droite de la Meuse..... Ces deux armées ne
« purent avancer aussi rapidement que l'exigeaient les circons-
« tances. Le terrain des opérations, *surtout à notre droite*, est boisé
« et difficile, disait le communiqué officiel du 24 août. Nos
« troupes s'y heurtèrent aux troupes allemandes qui étaient
« arrivées presque en même temps qu'elles, en violant la neutra-
« lité du grand-duché de Luxembourg, pour gagner directement
« le Luxembourg Belge. Qui pouvait croire que les Allemands
« feraient la guerre comme des Barbares, en méprisant et foulant
« aux pieds les droits les plus sacrés..... On ne dira jamais assez non
« plus à quel point l'Allemagne avait *tout* préparé pour écraser
« la France le plus rapidement possible, afin de pouvoir se retour-
« ner ensuite contre la Russie. Les quantités de troupes accu-
« mulées en vue d'une invasion brusquée et par masses de notre
« territoire dépassaient tous les calculs et toutes les prévisions.....

« La bataille de Charleroi ne s'engagea pas en des conditions
« favorables pour nous. Sur le front de Namur à Mons, les troupes
« alliées s'échelonnaient de la sorte :

« A droite, la division Mangin s'appuyant aux forts de Namur
« solidement défendus par l'artillerie belge. A gauche et vers
« Charleroi, le 1er corps commandé par le général Franchet d'Es-
« perey. A Charleroi même, les troupes coloniales (infanterie colo-
« niale, tirailleurs algériens, marocains et sénégalais) qui devaient
« si brillamment couvrir la retraite. Entre Charleroi et Mons, le
« 3e corps, commandé par le général Sauret, et le 18e corps. Enfin,
« à Mons, l'armée anglaise. L'ensemble de ces troupes formait notre
« V^e armée et était placé sous le commandement du général
« Lanrezac.

« Cette muraille vivante ne s'arrêtait pas toutefois à Mons,
« comme l'ont prétendu certains publicistes, et notamment
« M. Gustave Hervé. Toutes les précautions avaient été prises

« pour que, d'un bout à l'autre, notre frontière fût entièrement
« couverte. C'est ainsi qu'à partir de Mons, ou plus exactement
« de l'aile droite de l'armée anglaise, des forces importantes
« d'active, puis de réserve, enfin de territoriale, s'étendaient le
« long de la frontière belge, de Tournai à Dunkerque.

   « Des récits anecdotiques de combattants et de blessés nous
« ont appris, en son temps, ce que fut la bataille de Charleroi,
« la « grande bataille de Belgique », l'acharnement déployé de
« part et d'autre, l'héroïsme des nôtres résistant superbement à
« l'écrasante supériorité numérique des formidables masses enne-
« mies. Ce qu'on sait moins, c'est qu'à droite, avec ces chefs admi-
« rables que sont Mangin et Franchet d'Esperey, nous avions
« gagné la première manche de la bataille. Entre Namur et Char-
« leroi, nos troupes avaient l'avantage. Charleroi même fut pris
« et repris cinq fois de suite. A gauche, le 18ᵉ corps, lui aussi,
« tenait bon. Mais, au centre, le 3ᵒ corps et, à l'extrême gauche,
« l'armée anglaise durent se replier et céder du terrain. Les
« troupes de Lille reçurent alors l'ordre de venir les renforcer.
« Pourquoi ne vinrent-elles pas? C'est le mystère qu'éclaircira
« l'avenir.
   « L'aile droite allemande, commandée par von Kluck, se pré-
« cipita par cette trouée. La masse allemande déferla, comme un
« ouragan, sur la rive gauche de la Sambre. En face, sur la rive
« droite, nos troupes opposèrent toujours cependant un front
« dense, tandis que, bien protégée par sa cavalerie, dont on connaît
« la valeur, l'armée anglaise en se repliant gardait le contact très
« étroitement avec l'ennemi. Peut-être à ce moment un retour
« offensif et l'arrivée de renforts à notre aile gauche eussent-ils
« arrêté la ruée des Allemands, car l'aile droite conservait toujours
« ses positions avantageuses. Le fléchissement de la division
« Boutegourd sur la ligne de la Meuse nous mit dans l'obligation
« de les abandonner. Les Allemands avaient réussi à reprendre
« Dinant et à franchir la Meuse..... Il n'y avait plus qu'à battre
« en retraite et à reprendre nos positions défensives. C'est ce
« qu'ordonna très sagement le généralissime.

   « Tous se rappellent les angoisses vécues pendant les trois jours
« que dura cette grande bataille de Charleroi, qui, disait le com-
« muniqué officiel du 25 août, « si elle avait atteint son but et
« tourné à notre avantage, eût abrégé la guerre ». Enveloppés dans

« deux cercles, l'un ayant son centre à Namur et qui devait être
« décrit par le large compas anglo-franco-belge de l'ouest à l'est
« de cette ville ; — et l'autre, plus large encore, allant de Dinant
« à Stenay, — les Allemands devaient être coincés et broyés entre
« ces deux roues..... Il n'en a pu être ainsi, pour les raisons que
« nous avons indiquées, — certaines du moins, — ayant volontai-
« rement passé les autres sous silence. Quoi qu'il en soit, sachons
« gré aux glorieux combattants de Charleroi, qui, les premiers,
« ont essuyé le choc du bélier allemand, d'avoir contribué, avec
« l'héroïque résistance belge, à arrêter la masse des Barbares,
« qui dévalaient sur la France, et d'avoir préparé ainsi, au prix
« de leur sang, notre victoire de la Marne. »

Notre offensive d'août 1914 avait donc abouti à l'é-
chec de Charleroi.

Dans les plaines de Sambre-et-Meuse, le nombre
« colossal » des Allemands venait de triompher du valeu-
reux héroïsme des troupes anglo-françaises.

Mais le général Joffre n'avait pas laissé dissocier
son corps de bataille, et, du dispositif savamment articulé, il allait faire jaillir une marche en retraite qui
devait être la marche à la victoire.

DEUXIÈME PARTIE

MARCHE A LA BATAILLE

CHAPITRE I

LA RENCONTRE DE LULE-BURGAS

Le dispositif de marche à la bataille est contenu en germe dans le dispositif de réunion initiale.

D'une réunion initiale souple, articulée en largeur et en profondeur, découle une marche à la bataille aisée, susceptible de s'adapter aux circonstances.

C'est ainsi que, le 24 octobre 1912, les armées bulgares se trouvèrent à même d'harmoniser leur marche à la bataille avec les conséquences de la surprise de Kirkilissé.

Les forces avaient été concentrées à la demande d'un certain plan de manœuvre : attaquer avec l'armée du centre et l'armée d'aile gauche réunie en secret pour l'effet de surprise le front fortifié Andrinople—Kirkilissé, y fixer le corps de bataille ottoman, que l'armée d'aile droite, passant à l'ouest du camp retranché, devait manœuvrer de flanc et déborder.

La marche à la bataille est entreprise en vue de cette manœuvre.

Mais la surprise réalisée à Kirkilissé par le débouché inopiné de la IIIe armée dépasse les prévisions.

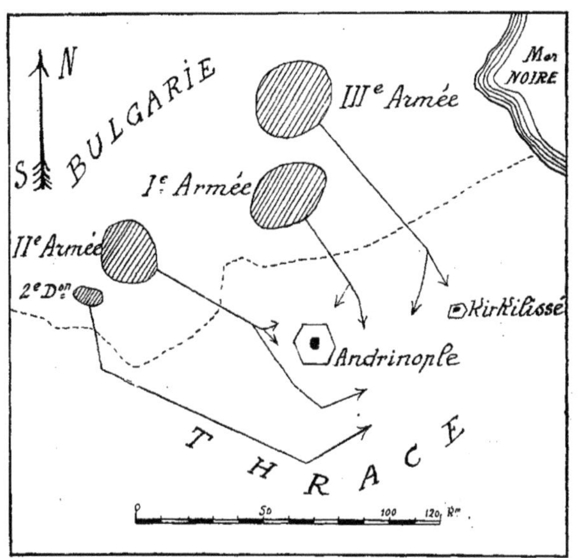

CROQUIS Nº 6. — Plan de manœuvre bulgare.

Les forces turques se dissocient et se replient précipitamment, dérobant ainsi leur flanc gauche à la manœuvre réservée à la IIe armée.

Le groupe d'armées bulgares, grâce à son dispositif

articulé, est à même de s'adapter à la situation créée
par la débandade de Kirkilissé.

La IIe armée est arrivée à hauteur d'Andrinople.
Son projet de manœuvre débordante sur le flanc gau-

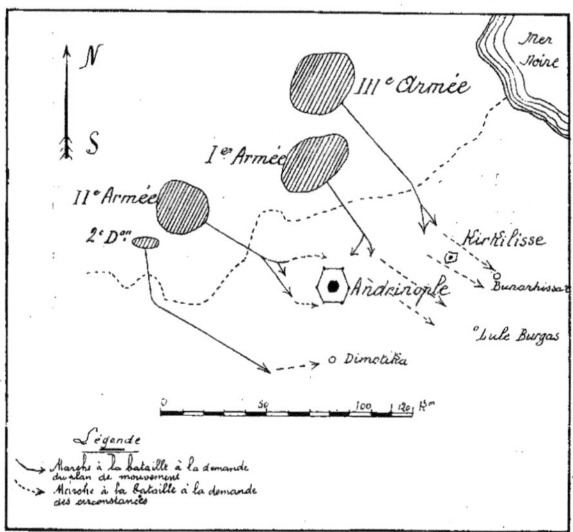

Croquis n° 7. — Adaptation du plan de manœuvre bulgare.

che des Turcs tombe. A ce projet se substitue naturellement une nouvelle mission : rejeter sur le camp
retranché la garnison qui en défend les approches et,
pour la 2e division, couverture à Dimotika.

Les IIIe et Ire armées se sont heurtées à l'armée de

campagne ottomane et l'ont mise en fuite, au lieu de
la fixer sur le front Andrinople—Kirkilissé. Tâche stratégique immédiate : poursuite en vue de la bataille.

La retraite s'étant effectuée dans la nuit du 23 au 24 octobre vers le sud-est, la poursuite pouvait être entamée
dès le 24 par les deux armées réunies et échelonnées la
gauche en avant : les divisions de deuxième ligne, 6e et
10e, en s'aiguillant sur l'axe de poursuite se plaçaient
à hauteur des 4e et 1re (croquis no 8).

Cette nouvelle marche à la bataille, adaptée aux
circonstances et qui découlait si naturellement du
dispositif bulgare, ne fut entreprise que le 27, après une
marche vers le sud qui avait détruit l'articulation en
profondeur.
Elle le fut avec une partie des forces seulement, et
ces forces non « réunies », au sens napoléonien du terme.

En l'occurrence, le grand État-major bulgare fut donc
coupable de retard. Puis il pécha contre l'économie des
forces et contre la sûreté stratégique.

Le retard est imputable au manque de renseignements.

L'aviation fut inexistante au groupe d'armées bulgare : les quelques avions disponibles furent affectés
au corps de siège d'Andrinople.
La division de cavalerie, dotée de mitrailleuses, était
dépourvue d'artillerie. Elle ne disposait pas de soutiens
d'infanterie organisés. Seule de son espèce, elle n'était

engagée qu'avec parcimonie au début des opérations.
Son rôle fut donc très limité, et, le 23 octobre au soir,
elle perdit le contact avec le corps de bataille ottoman.

Aux abords de Kirkilissé, les Turcs avaient fait le

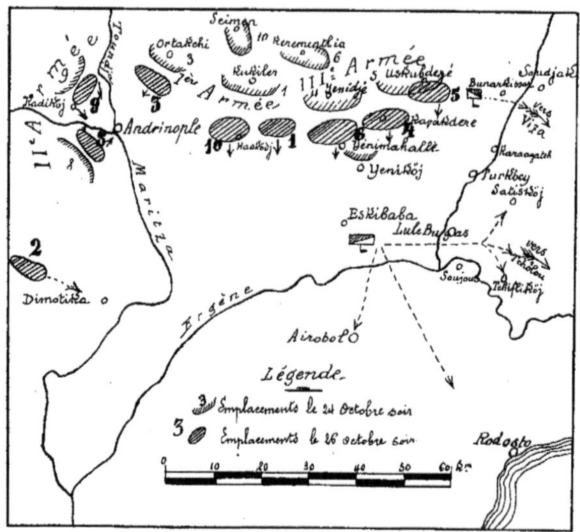

CROQUIS N° 8. — Le « retard » bulgare du 24 au 27 octobre 1912. — Lule-Burgas.

terrain net des habitants susceptibles de servir d'agents
indicateurs.

Bref, le 24 octobre au matin, le commandement bulgare
constata avec surprise que les forces ottomanes avaient
disparu à peu près sur tout le front d'engagement du 23.

Une division de la IIIe armée, la 5e, défila dans Kirkilissé et gagna Uskubdere, tandis que la 4e atteignait Yenitze, la 6e suivant en seconde ligne à Keremenlia. A la Ire armée, la 1re division arrivait à Kukiler, la 3e à Ortakchi, la 10e en seconde ligne à Seimen. La division de cavalerie gagnait Yeniköj.

Le 25 octobre, la 5e division se resserrait sur sa gauche à Uskubdere. Les autres divisions faisaient une petite étape vers le sud, afin de permettre aux 6e et 10e de se porter à Yenimahalle à hauteur de la 4e, et à Hasköj à hauteur de la 1re. La 3e s'aiguillait sur Andrinople.

Le mystère planait toujours sur la direction de retraite de l'armée ottomane.

S'était-elle portée vers le sud pour aller se reformer derrière l'Ergène?

Avait-elle pris par le sud-est la route de Constantinople afin de couvrir directement la capitale?

La journée du 26 se passa dans l'incertitude et l'inaction pour les IIIe et Ire armées bulgares, tandis que la division de cavalerie lancée la veille vers Eskibaba cherchait à percer le voile.

Les éléments de découverte furent poussés sur Airobol, sur Rodosto, sur Tchorlou.

Vers Airobol et Rodosto, renseignements négatifs. Dans la direction de Tchorlou, rassemblements importants à Satisköj et Tchifliköj.

D'autre part, la cavalerie de la 5e division, envoyée par Bunarhissar sur Viza, signalait également des forces considérables de ce côté.

Le doute était enfin levé.

L'armée ottomane s'était repliée vers le sud-est.

Les deux armées bulgares avaient marché le 24 et le 25 octobre vers le sud, et c'est face au sud qu'elles se trouvaient orientées le 26 au soir.

Pour atteindre l'adversaire, il fallait donc reprendre la marche à la bataille en exécutant une conversion à gauche.

Ce fut la situation des armées allemandes le 16 août 1870.

Elles avaient été lancées vers la Meuse à la poursuite de l'armée française supposée en retraite de Metz sur Verdun.

L'hypothèse était logique, mais fausse : l'armée française était restée rassemblée à l'ouest de Metz. Les Allemands donnaient donc dans le vide en marchant vers l'ouest, et il leur fallait exécuter une conversion à droite pour redresser leur front face au nord-est.

Avec une grande maîtrise stratégique, de Moltke reprit en main ses deux armées et, le 17 août au soir, il disposait de sept corps d'armée concentrés d'Ars à Hannonville, sur un front de 20 kilomètres : il était prêt à livrer bataille le lendemain, toutes forces disponibles réunies.

Y a-t-il un de Moltke au grand État-major bulgare ?

Le commandement suprême est exercé par le tsar Ferdinand, qui se trouve sur le théâtre occidental d'opérations de Thrace.

Le Tsar a appelé à ses côtés le général Savof, ancien élève de Dragomirof à l'Académie de guerre Nicolas, et à qui il a donné le titre de général en chef.

Le chef d'État-major général est le général Fitchef
qui a suivi les cours de l'École d'État-major de Turin.

L'écrivain militaire Alain de Penennrun, qui a suivi
comme correspondant de guerre de l'*Illustration* les
opérations de 1912, esquisse dans son ouvrage *La Guerre
des Balkans* la physionomie du haut commandement
bulgare :

« Le haut commandement était virtuellement représenté par
« S. M. Ferdinand dont la compétence diplomatique est indis-
« cutable, mais dont la formation militaire quelconque ne lui
« permettait en aucune façon de s'immiscer dans les opérations.
« Avec un très grand bon sens, une très grande habileté politique
« aussi, le Roi, dans l'exercice de ses fonctions de chef des armées,
« eut recours au général Savof, l'ancien ministre de la Guerre du
« cabinet Stamboulof. Il fut donc nommé généralissime, bien
« que depuis quelque temps dans le cadre de réserve, surtout en
« raison de la popularité et de la confiance qui s'attachaient à son
« nom. Il était ainsi l'élu de l'opinion publique. Bien que j'aie
« eu l'honneur de le rencontrer quelquefois, de même que le major
« général **Fitchef**, je ne puis en aucune façon émettre un jugement
« sur ces deux personnalités élevées. Je crois, quelle que fût leur
« valeur, unanimement reconnue, qu'ils n'ont guère eu d'influence
« absolument primordiale sur les opérations. Sans doute ils ont
« participé, dans la mesure que leurs hautes fonctions peuvent
« indiquer, à l'élaboration du plan d'opérations, à l'exécution de
« la concentration, mais dans certains moments critiques, en
« particulier le 26 octobre, lors de l'ordre de mise en marche des
« Ire et IIIe armées vers le sud-est, je crois que tout a plié devant
« la volonté ardente du bouillant commandant de la IIIe armée. »

Le général en chef était l'élu de l'opinion publique.....
Tout a plié devant la volonté ardente du bouillant
commandant de la IIIe armée.....

Ces lignes méritent d'être retenues.

La philosophie des fautes commises par le grand État-major bulgare s'en dégage tout entière.

Rappelons-nous la situation après la surprise de Kirkilissé.

L'armée de campagne ottomane se dérobe, et la garnison d'Andrinople défend le camp retranché.

Il faut poursuivre l'armée de campagne pour la contraindre à la bataille : c'est l'objectif principal.

Il faut fixer la garnison d'Andrinople autour de la place : c'est l'objectif secondaire.

L'économie des forces demande que le gros des armées bulgares — la IIIe armée, la Ire armée — soit lancé à la bataille. Une des divisions de la IIe armée pourrait même être remplacée devant Andrinople par la division de réserve jusqu'alors à Philippopoli et participer à la marche offensive.

Mais l'opinion publique réclame l'investissement d'Andrinople; il ne lui suffit pas que la place soit masquée; elle la veut assiégée et conquise dans le plus bref délai.

Et le grand État-major cède à l'opinion publique.

A la IIe armée maintenue devant Andrinople, il rattache la 3e division enlevée à la Ire armée.

Cinq divisions seulement sur huit vont marcher à la bataille !

Ne fallait-il pas appuyer l'attaque brusquée d'Andrinople qui flattait à un si haut degré la fierté populaire?

Un généralissime ne doit pas être à la remorque du sentiment national. Il lui appartient de l'éclairer et de le guider.

Reportons-nous maintenant au 26 octobre au soir quand, après trois jours d'ignorance et de quasi-inaction du corps de bataille, les renseignements de la division de cavalerie parviennent aux quartiers généraux et annoncent la retraite de l'armée ottomane vers le sud-est.

Les cinq divisions destinées à la poursuite se trouvent en ligne face au sud sur un front de 60 kilomètres, les 4e et 5e divisions légèrement en retrait à gauche.

Pour se porter sur son objectif, — l'armée adverse, — le dispositif doit faire une conversion à gauche.

La sûreté stratégique exige une évolution précédant la marche à la bataille.

Pour que les forces puissent s'ébranler réunies, c'est-à-dire tous les éléments en mesure de participer à une même action d'ensemble, il faut que la division de gauche formant pivot reste sur place pendant que les autres divisions viendront se placer à sa hauteur ou s'échelonneront en arrière et à droite à distance de manœuvre.

Mais le commandant de l'armée d'aile gauche demande une marche directe à la bataille sans évolution préalable.

Dès le 27 octobre au matin, il fait converser son armée; il porte la 5e division, le pivot, d'Uskubdere à Bunarhissar.

Et le grand État-major cède à l'impulsion du général

Radko Dimitrief. La Ire armée se conforme au mouvement de la IIIe.

Entreprise dans de telles conditions, la conversion
devait morceler le dispositif en éléments incapables de
se soutenir mutuellement.

C'était condamner les divisions, en cas de rencontre
avec l'ennemi, à n'arriver sur le champ de bataille que
successivement et à de longs intervalles.

La rencontre se produisit, dès le 28 octobre, à l'aile
gauche bulgare.

L'armée ottomane, après s'être reconstituée entre
Tchorlou et Saraï, s'était mise en marche vers le nord-
ouest pour reprendre l'offensive.

La 5e division, livrée à ses seules ressources, eut à
supporter un combat très rude sur le Karaagatchdere
entre Bunarhissar et Soudjak (Croquis n° 8).

Ce n'est que le 29 octobre à midi que les têtes de colonne de la 4e division intervinrent dans la lutte en
débouchant sur Karaagatch.

Le 29 octobre au soir, la 6e division faisait son ap-
parition sur le champ de bataille et s'engageait sur
Turkbey.

Le 30 octobre, la Ire armée arrivait à son tour, lan-
çant au combat la 1re division vers Lule-Burgas et, le
lendemain 31, la 10e sur Soujous.

Enfin, une brigade de la 3e division, que le grand État-
major bulgare, sous le poids des événements, s'était
décidé à enlever à l'investissement d'Andrinople, accou-
rait, le 1er novembre, et se plaçait à la gauche du front
pour attaquer vers Soudjak.

La réunion des IIIe et Ire armées bulgares s'était donc

réalisée sur le champ de bataille et avait exigé quatre jours.

Quelle merveilleuse occasion pour un adversaire manœuvrier !

L'armée turque, insuffisamment reconstituée pour une offensive de longue haleine, se contenta de se battre bravement.

Elle laissa échapper l'occasion.

Après cinq jours de lutte opiniâtre, elle battit en retraite, laissant derrière elle un adversaire fatigué, incapable d'une poursuite active.

La marche à la bataille entreprise sur l'initiative du général Radko Dimitrief, sans assurer la réunion des forces, qui seule pouvait donner la liberté stratégique au commandant en chef, avait conduit à une rencontre difficile avec un adversaire supérieur en nombre. Dans d'autres circonstances, ce pouvait être le désastre.

Quelle que soit la valeur personnelle d'un commandant d'armée, si grand que soit son prestige dans le groupe d'armées, le généralissime doit savoir rester le chef suprême.

A lui les responsabilités.
A lui les décisions.

Il ne jouira de la liberté de manœuvre que s'il assure d'abord la liberté de son commandement.

CHAPITRE II

LA VICTOIRE DE LA MARNE

Le général Joffre a su élever sa volonté au-dessus
de l'opinion publique et la maintenir immuable au sein
des ardentes aspirations d'offensive qu'il pressentait
autour de lui.

Ce sera pour le commandant en chef des forces alliées
un titre éternel à la reconnaissance de la France et de
l'Europe.

Après l'échec de Charleroi, la sûreté stratégique
demandait le repli des masses de manœuvre, afin de
gagner le temps nécessaire à leur reconstitution face
à l'attaque principale allemande.

Ce repli, qui impliquait l'abandon d'une partie du
territoire national, devait nécessairement avoir une
répercussion douloureuse d'un bout à l'autre du pays.

Consultée, l'opinion publique eût décrété qu'il fallait
« tout faire » pour sauvegarder la frontière.

N'avait-elle pas, quelques jours auparavant, applaudi,
enthousiaste, à la décision de « tout faire » pour libérer la
Belgique de l'invasion allemande?

Virilement le généralissime a fait litière de toutes

les conceptions étrangères aux exigences militaires. Il a imposé la retraite générale.

Et finalement, guidée par lui, l'âme populaire a compris..... Elle s'est inclinée devant le sacrifice indispensable au salut de la patrie.

Une protestation s'est fait entendre.

C'est à l'occasion de la thèse soutenue par le colonel Repington dans le *Times* et reproduite par le *Temps* que les Allemands n'ont pas atteint leur but et que la situation des Alliés est bonne.

Dans une lettre adressée au *Temps* et commentée dans le numéro du 10 novembre, un lecteur — et contradicteur — de ce journal écrivait :

« On oublie trop, dans les jugements sur les opérations actuelles,
« que le principal but de la stratégie et des manœuvres de guerre
« est de garantir l'intégrité d'un peuple, son honneur et sa vie.
« Comme depuis Reims jusqu'à Mézières, depuis Lille jusqu'à
« l'Argonne, les hordes allemandes tuent et violent, l'optimisme
« des critiques actuels me paraît pour le moins étrange.....
« L'offensive des Allemands les a conduits à la conquête totale
« de la Belgique — sauf un mince lambeau — et à l'occupation
« de nos départements du Nord et du Nord-Est. La proportion
« de ce territoire doit être, comme population et richesse, évaluée
« au sixième de la France. Le statisticien le plus modeste évalue-
« rait les pertes françaises en foncier, maisons, meubles, usines,
« mines, chemins de fer, voies et ouvrages d'art, à environ 30 mil-
« liards. Que dire des morts, hontes et souillures de l'invasion?
« M. Repington trouve que l'offensive allemande « n'a rien donné ».
« Qu'est-ce qu'il lui faut de plus? »

« Je ne suis pas militaire, répondait au lecteur du *Temps* un
« correspondant occasionnel du général Bonnal; mais j'ai lu bien
« souvent que le but de la guerre doit tendre uniquement à dé-
« truire les forces de l'ennemi; c'est de cette manière seulement
« qu'il est possible de garantir l'honneur et la vie d'un peuple,
« l'intégrité ne vient qu'ensuite..... Pour garantir l'honneur et

« la vie du peuple français, le général Joffre n'a pas hésité à
« sacrifier momentanément l'intégrité d'une partie du territoire,
« et les événements lui ont donné raison..... »

Le général Bonnal, sur la demande de ce « bon Français » d'appuyer ses arguments, écrivait dans le *Matin*
du 12 novembre :

« Je le fais de grand cœur, ayant toujours enseigné que la
« guerre a uniquement pour but la destruction des forces organi-
« sées de l'ennemi, ici ou là et quel que soit le moment. Tout le
« reste est secondaire et s'obtient par surcroît. »

Et le général ajoutait dans son bulletin « Vers le
succès final » du 14 novembre :

« En présence du départ des Belges pour Anvers et des échecs
« graves subis en Belgique par les Anglo-Français, que conve-
« nait-il de faire?
« Deux solutions durent se présenter à l'esprit du généralissime.
« La première consistait à rallier les troupes anglaises et fran-
« çaises de Belgique et à leur donner l'ordre de défendre jusqu'à
« la dernière extrémité le terrain de la frontière de France,
« dans le but d'assurer son intégrité.
« La seconde solution était de battre en retraite vers le sud,
« en disputant le terrain, avec l'espoir que, grâce à l'emploi intensif
« des chemins de fer, on parviendrait à constituer, au cours même
« de la retraite, un nouveau front opposé au front allemand,
« et cela en attendant l'occasion d'engager une nouvelle bataille
« que l'on pouvait gagner, parce que nos forces seraient réunies,
« nombreuses et bien réparties.
« La seconde solution présentait le grave défaut de céder aux
« Barbares, avant la victoire espérée, une large et profonde bande
« du territoire national, mais elle donnait l'espérance de sauver
« du désastre la France entière.
« Cette solution, le général Joffre l'a choisie..... avec juste
« raison. »

Ainsi se terminait, sur la réplique de l'éminent écrivain militaire pour qui la stratégie fut un but dans la vie, la polémique engagée.

Cette polémique n'était qu'un reflet du combat angoissant qu'ont dû se livrer, au soir de Charleroi, l'esprit et le cœur du général Joffre : le cerveau l'a emporté; la froide raison a triomphé de la sensibilité, ouvrant la voie à la victoire.

Il ne suffisait pas de maîtriser le souci de l'opinion publique pour décider la retraite du corps de bataille.

Avec cette masse énorme il fallait encore poursuivre la retraite jusqu'au point voulu, se retirer en ordre et en attaquant pour affaiblir et retarder l'ennemi.

Sur tout le front de marche de plus de 200 kilomètres, il fallait créer une atmosphère de confiance vibrante, mais réfléchie, d'où l'orage du retour offensif pût éclater, mais ne se déchaîner qu'à l'éclair d'une circonstance favorable.

Cette circonstance, c'est le général en chef qui entendait la créer et la signaler à ses commandants d'armée.

Le rapport du général French sur les opérations du 28 août au 28 septembre, dont la *Gazette de Londres* a publié quelques dépêches, fait nettement ressortir l'intervention constante de la volonté du général Joffre au cours de la retraite.

Le 28 août, les forces britanniques continuant leur mouvement de repli, deux brigades d'arrière-garde repoussent l'ennemi et lui infligent des pertes considérables.

Le lendemain, l'armée anglaise a fait front vers
Lassigny. Elle a à sa gauche la VIe armée, de formation
récente, dont la droite s'appuie à Roye; à sa droite, la
V^e armée sur l'Oise.

Ce même 29 août, le général Joffre visite le quartier

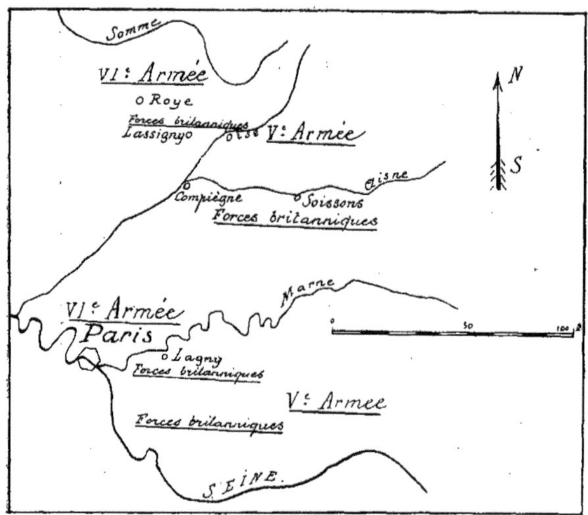

CROQUIS N° 9. — Combat en retraite des forces britanniques, des Ve
et VIe armées françaises, du 28 août au 6 septembre 1914.

général britannique et, au cours de la visite, il est décidé
que les forces du général French se retireront davan-
tage jusqu'à l'Aisne vers la ligne Compiègne—Soissons;
le repli est immédiatement réalisé.

Mais, malgré une grave défaite infligée à la Garde
allemande par les 1er et 3e corps français, sur la droite

de la Ve armée, le général Joffre n'estime pas encore
venu le moment de passer à l'offensive.

Il prescrit même la retraite générale jusque sur la
ligne de la Marne.

Le 3 septembre, les forces britanniques se sont éta-
blies vers Lagny, au sud de cette rivière; mais le général
Joffre leur demande de se porter encore à une vingtaine
de kilomètres en arrière, jusqu'à une position près de
la Seine.

A ce moment, les Allemands lançaient des ponts sur
la Marne qu'ils franchissaient en nombre considérable, menaçant les Alliés tout le long de la ligne des
forces britanniques ainsi que les Ve et VIe armées françaises.

C'est enfin l'occasion voulue et créée par le commandant en chef.

« Le samedi 5 septembre, écrit le général French, j'eus un
« entretien avec le général Joffre, qui m'informa de son inten-
« tion de prendre immédiatement l'offensive, parce qu'il considé-
« rait les conditions comme particulièrement favorables. »

Le 6 septembre, la VIe armée pivote, va droit
vers la Marne pour attaquer le flanc de la première
armée allemande en marche vers le sud-est. Le général French appuie sa gauche à la Marne, sa droite à la
V^e armée.

C'est l'aurore de la victoire de la Marne.

Que fut cette grande bataille, dont l'amplitude du
front et l'énormité des effectifs dépassaient les prévisions stratégiques les plus audacieuses?

Il serait prématuré de se livrer à une étude approfondie de cette rencontre vraiment colossale.

Nous nous contenterons — et le lecteur nous en sera reconnaissant — de remettre sous ses yeux le récit clair, logique et parfaitement ordonné qu'a publié le *Temps* du 3 octobre :

« La magnifique victoire que les armées françaises ont rem-

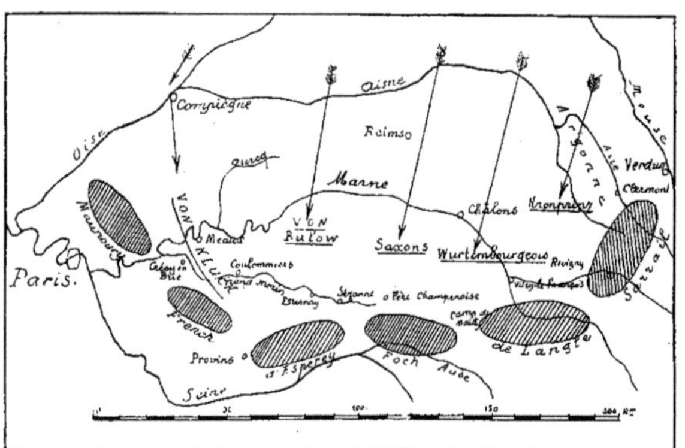

Croquis nº 10. — Bataille de la Marne.
(Schéma dessiné d'après l'article ci-dessous.)

« portée sur la Marne, du 6 au 13 septembre, n'a pas, quand on
« l'examine dans ses éléments, de précédents dars l'histoire mili-
« taire. Jamais « rétablissement stratégique » d'une telle ampleur
« n'a été exécuté avec autant d'ensemble par des masses aussi
« formidables.

« Quelle était la situation dans les premiers jours de septembre ?
« Constamment, depuis le début de la campagne, les forces alle-
« mandes avaient cherché à déborder notre gauche, et elles

« venaient d'y réussir. Il s'agissait, pour nous, de la reconstituer,
« de la renforcer et de l'utiliser en vue d'une reprise générale de
« l'offensive sur tout le front.

« A la date du 5 septembre, les armées allemandes occupaient
« les positions suivantes : celle du Kronprinz s'avançait à travers
« l'Argonne; celle du prince de Wurtemberg entre la vallée de
« l'Aisne et Châlons; l'armée saxonne entre l'armée du prince
« de Wurtemberg et Reims; l'armée du général von Bulow, très
« largement articulée, à l'ouest de Reims, avec ses têtes vers
« Esternay.

« Enfin, la première armée allemande, celle qui, initialement,
« avait paru marcher sur Paris au nord de l'Oise et par Com-
« piègne, s'était infléchie dans la direction de Meaux et de Cou-
« lommiers, toujours dans le même dessein enveloppant, s'effor-
« çant de nous déborder par notre gauche, se réservant peut-être
« aussi la possibilité d'investir Paris par l'est.

« Contre cette manœuvre allemande, la reconstitution de notre
« gauche et le repliement de notre front, d'abord sur la Marne,
« ensuite sur l'Aube, éventuellement sur la Seine, nous offrait
« une ressource précieuse. La disposition générale de nos armées,
« le 5 septembre, se résumait en effet comme il suit sur le théâtre
« de la Marne :

« A notre droite le général Sarrail, appuyé sur Verdun et les
« Hauts de Meuse, était prêt à faire face à l'ouest. Le général de
« Langle était face au nord, au sud de Vitry-le-François. Le
« général Foch occupait la ligne de Sézanne au camp de Mailly.
« Le général d'Esperey tenait un front allant de Sézanne aux
« plateaux au nord de Provins. L'armée anglaise occupait la
« région de Crécy-en-Brie au sud du Grand Morin. Enfin, à notre
« extrême gauche, le général Maunoury couvrait le camp retran-
« ché de Paris et se tenait prêt à agir ultérieurement.

« Traduisez sur la carte la situation respective des forces alle-
« mandes et françaises : qu'en ressort-il ? Que par suite de l'inflexion
« vers Meaux et Coulommiers de l'armée allemande du général
« von Kluck, notre gauche prenait de flanc la droite alle-
« mande. Voilà, pour nous, la possibilité de manœuvre, en vue de
« laquelle, le 6 septembre, le général Joffre ordonne l'offensive
« générale.

« Les armées Sarrail, de Langle, Foch, d'Esperey attaqueront
« sur tout leur front. L'armée anglaise, au sud de la Marne, se
« portera sur la droite du général von Kluck. L'armée Maunoury,

« en se portant sur l'Ourcq, menacera les derrières de cette même
« armée et ses communications.

« Dès le premier jour, 6 septembre, l'efficacité de notre ma-
« nœuvre se révèle. Les têtes de colonne de l'armée von Kluck
« vers Coulommiers et Provins font demi-tour, et par une conver-
« sion immédiate, le gros de cette armée fait face au général
« Maunoury. De même, les forces allemandes qui sont devant
« l'armée d'Esperey se replient sur le Grand Morin.

« Mais ce recul et cette conversion des armées allemandes
« rendent possible pour nous une seconde manœuvre qui s'engage
« aussitôt. Par suite du mouvement allemand, l'armée anglaise
« a tout liberté de se redresser vers le nord, dans la direction de
« l'Ourcq, et là d'attaquer la gauche de l'armée allemande qui,
« désormais fait face à l'armée Maunoury. L'armée d'Esperey,
« à la droite de l'armée anglaise, appuie son effort et, dans une
« offensive vigoureuse, rejette sur la Marne la gauche de l'armée
« von Kluck et la droite de l'armée von Bulow.

« C'est alors, vers le 8 septembre, que l'armée du général Foch,
« jusque-là chargée de tenir sur le front qu'elle occupe, prononce
« son offensive. Tandis que sa droite contient la Garde et trois
« corps allemands à l'est de Fère-Champenoise, sa gauche, tom-
« bant sur le flanc de l'ennemi, l'oblige à opérer une retraite
« précipitée, à repasser la Marne et à se replier jusqu'à la hauteur
« de Reims.

« Simultanément, le général de Langle se porte en avant,
« occupe Vitry-le-François et atteint le même front que le général
« Foch, le mouvement en avant de l'armée Foch dégageant
« l'armée de Langle comme le mouvement en avant de l'armée
« d'Esperey avait dégagé l'armée Foch.

« Quant à l'armée Sarrail, menacée, dans la région de Revigny,
« d'être rejetée sur Verdun, attaquée à sa droite du côté de Cler-
« mont-en-Argonne, sur ses derrières par les Hauts de Meuse,
« elle réussit à maintenir partout ses positions et même à déter-
« miner — le 15 septembre — la retraite vers le nord des corps
« allemands qui lui font face.

« Il est superflu d'ajouter que nos armées de Lorraine, en
« maintenant leurs positions et même en gagnant du terrain,
« ont pris une large part à ce résultat qu'aurait rendu impossible
« toute défaillance de leur part.

« Voilà simplifié, clarifié, réduit à ses éléments, le schéma de
« cette bataille de sept jours qui a mis aux prises plus de 2 mil-

« lions d'hommes. La manœuvre stratégique exécutée par nos
« armées apparaît, dans ce raccourci, nette, énergique et coordon-
« née. Comme le disait un de nos commandants d'armée, nous
« avons progressé sur tout le front à la façon du perroquet qui,
« pour s'élever à l'échelon supérieur de son mât, avance d'abord
« le bec, puis une patte, puis l'autre.

« Chaque armée a gagné pas à pas, ouvrant la route à la voi-
« sine, appuyée par elle aussitôt, prenant de flanc l'adversaire
« qu'elle attaquait la veille de front, les efforts de l'une s'articu-
« lant étroitement à ceux de l'autre, une unité profonde de vues
« et de méthode animant le haut commandement.

« Pour donner à cette victoire tout son sens, il convient d'ajouter
« qu'elle a été gagnée par des troupes qui, depuis deux semaines,
« battaient en retraite et qui, l'ordre d'offensive donné, se sont
« retrouvées aussi ardentes qu'au premier jour. Il convient de
« dire aussi que ces troupes ont eu affaire à la totalité de l'armée
« allemande et que, dès qu'elles ont marché en avant, elles n'ont
« plus jamais reculé.

« Sous leur pression, la retraite allemande a eu, à certaines
« heures, des allures de déroute. Malgré la fatigue de nos hommes,
« malgré la puissance de l'artillerie lourde allemande, nous avons
« pris des drapeaux, des canons, des mitrailleuses, des obus, un
« million de cartouches, des milliers de prisonniers. Un corps
« allemand a eu son artillerie détruite presque entièrement par
« la nôtre, après repérage par nos avions.

« C'est une guerre effroyable », disait un officier allemand pri-
« sonnier. Effroyable, en effet, mais magnifique aussi par la
« dépense de courage qui s'y affirme dans la troupe, la dépense
« de science, d'activité, de méthode qui s'y manifeste dans le
« commandement et les états-majors.

« La guerre, certes, n'est pas finie. L'armée allemande décimée,
« en retraite, manquant souvent de vivres, a réussi à remettre
« de l'ordre dans ses unités et défend pied à pied les tranchées
« formidables qu'elle excelle à établir. Chaque jour on se bat avec
« acharnement, et voici que la bataille de l'Aisne succède à la
« bataille de la Marne. Il n'en reste pas moins que la première
« grande victoire de la campagne est à nous, et que pour gagner
« celles de demain, c'est pour tous, chefs et soldats, un inappré-
« ciable réconfort que de revivre, par le souvenir, celle qu'ils ont
« hier remportée. »

La victoire de la Marne apporte une sanction éclatante à la doctrine napoléonienne.

Les Anglo-Français ont vaincu parce qu'ils ont su être les plus forts au point et au moment voulus.

La manœuvre a triomphé du nombre.

TROISIÈME PARTIE

BATAILLE

CHAPITRE I

TCHATALDJA

Les Bulgares ont infligé aux Turcs la surprise du nombre et la surprise de la manœuvre stratégique.

Inopinément débordée à Kirkilissé sur son aile droite, l'armée ottomane, en partie dissociée, a reflué en arrière.

Sans attendre l'achèvement de sa reconstitution face à l'attaque principale, elle s'est portée en avant afin de tenter à nouveau la fortune des armes et elle a été battue à Lule-Burgas.

Grâce à sa résistance énergique en cette rencontre, elle a pu se dégager en laissant derrière elle un corps de bataille fatigué, incapable d'une poursuite active.

Elle s'est arrêtée sur les lignes fortifiées de Tchataldja, où le grand État-major turc s'est enfin décidé à réaliser la réunion des forces en un système organique indispensable à la victoire.

La question du haut commandement est tranchée.

Tardivement. Elle aurait dû l'être dès la naissance du désaccord sur le plan de campagne entre le ministre de la Guerre et le général en chef.

C'est le ministre Nazim pacha qui triomphe. Il remplace le général Abdullah pacha dans le commandement des armées.

Conception étrange.

La place du ministre de la Guerre est non pas sur le front, mais dans les conseils du Gouvernement. De là, après avoir mobilisé et concentré les forces, il limite son action à la zone de l'intérieur, laissant la direction des opérations au général en chef.

Un progrès ne s'en trouve pas moins réalisé.

Le principe de la désignation peut ne pas être heureux, mais la désignation est faite.

L'unité de commandement succède à l'organisation hybride qui avait jusqu'alors existé : aux côtés du commandant en chef le ministre de la Guerre adjoint pour la conduite des armées (1).

---

(1) Pour la divergence sur le plan de manœuvre, voir première partie, chapitre I.

Au cours des opérations, l'organisation défectueuse du haut commandement ottoman apparaît nettement, et le désaccord continue entre le ministre de la Guerre et le général en chef.

Les lignes ci-dessous de l'ancien commandant du III⁰ corps en témoignent :

« A partir du 25 octobre, les relations écrites avec Abdullah pacha « furent interrompues; toute la correspondance officielle fut adressée à « Nazim pacha..... Un télégramme de Nazim pacha, reçu dans la soirée du « 28 octobre, me prescrivait d'assurer avec les forces nécessaires la sûreté « de l'aile droite de l'armée..... Comme j'étais sans nouvelles d'Abdullah, « je lui fis parvenir le télégramme suivant : « Étant donné que le II⁰ corps « s'est trouvé engagé aujourd'hui dans la région de Karaagatch et sur « l'ordre de Nazim pacha me prescrivant d'assurer la sûreté de l'aile « droite, en intervenant dans la bataille, le III⁰ corps, formant une divi- « sion de huit bataillons, se portera demain....., etc....., » — Au début de la « retraite, Abdullah pacha avait indiqué comme direction à l'armée la « ligne Bunarh'ssar — Lule-Burgas, sur laquelle il comptait opérer la pre- « mière réorganisation. Mais la véritable intention du commandant en « chef était de ramener l'armée jusque derrière la ligne de l'Ergène et « d'attendre là le choc de l'ennemi. A en croire les bruits qui me sont « parvenus, les commandants des divers corps d'armée qui s'étaient mis « directement en relations avec Nazim pacha, alors à Tchataldja, auraient « été avisés par lui que les projets d'Abdullah ne seraient pas exécutés,

Les effectifs se sont accrus, principalement par l'arrivée de contingents asiatiques d'une réelle valeur.

L'artillerie est recomplétée, en partie, à l'aide de cinquante-deux canons du Creusot destinés aux Serbes et saisis au passage par les Turcs pendant la période de tension politique.

Les services reçoivent une impulsion vigoureuse : le ravitaillement en vivres et en munitions est enfin assuré.

Sur la position défensive où le corps de bataille se reconstitue, les forces sont judicieusement réparties : le Ier corps, qui s'est montré le plus faible depuis le début des hostilités, est établi au point le moins exposé, à gauche vers le fort Ahmed-Pacha; le IIe corps tient le centre du fort Ahmed-Pacha à Jasoyrem; le IIIe corps, qui a fait preuve d'une réelle solidité à Lule-Burgas, est installé sur le front le plus menacé, de Jasoyrem à la Mer Noire; le IVe corps se place en réserve derrière le centre; les bataillons de rédifs, récemment arrivés, en réserve derrière les ailes; le quartier général se fixe à Hademköj.

Le corps de bataille, commandé, nourri, ravitaillé, est monté en système.

L'armée des lignes de Tchataldja n'est plus l'armée de Lule-Burgas ni l'armée de Kirkilissé.

Les Bulgares en font la sanglante expérience dans leurs attaques infructueuses des 17 et 18 novembre.

« et qu'en conséquence les troupes devaient rester là où elles se trou-
« vaient le 25, c'est-à-dire sur le Karaagatchdere. » — « Le 28 octobre
« au soir, neuf bataillons de rédifs et une batterie avaient été débarqués
« à la station de Sedjler; un peu plus tard, six autres bataillons étaient
« arrivés au même point. Sur l'ordre direct de Nazim et sans qu'Abdullah
« en fut informé, tous avaient été dirigés sur Lule-Burgas et rattachés au
« IVe corps. Le général en chef se vit ainsi privé d'un renfort dont sa droite
« avait un besoin urgent. » (MAHMOUD MOUKHTAR pacha, *Mon Commande-
ment au cours de la campagne des Balkans.*)

De leur côté, les vainqueurs avaient dû procéder à une reconstitution de leurs forces et de leur matériel avant de se lancer à l'assaut de Tchataldja.

Le général Radko Dimitrief, chef de la IIIᵉ armée, qui a provoqué la surprise de Kirkilissé et, par son ordre de mouvement du 27 octobre, amené la bataille heureuse de Lule-Burgas, reçoit le commandement des Iʳᵉ et IIIᵉ armées réunies.

Pour compenser les pertes subies et marcher au combat — qu'on présume difficile — à effectifs renforcés, l'État-major bulgare décide d'attendre la 3ᵉ division partie d'Andrinople et dont une seule brigade a participé à la bataille de Lule-Burgas, ainsi que la 9ᵉ division également prélevée sur le corps de siège et remplacée par la 11ᵉ division de réserve. Des ordres sont donnés aux dépôts pour hâter l'envoi des recrues des classes 1912 et 1913. Enfin, le transport éventuel de la 7ᵉ division, qui vient d'arriver à Salonique après avoir opéré en liaison avec l'armée serbe, est envisagé.

La guerre moderne ne se fait pas seulement avec des hommes, mais aussi — et beaucoup - avec du matériel, et un matériel puissant est un gros atout dans le jeu d'une armée en campagne.

En Bulgarie, la question de l'artillerie lourde avait été l'objet de savantes discussions techniques qui n'avaient pas encore abouti quand la guerre éclata.

Aux tacticiens qui arguaient de la nécessité d'opposer des canons lourds aux canons lourds, qui faisaient ressortir l'avantage d'une artillerie portant sensiblement plus loin que la pièce de campagne, l'utilité du tir courbe sur des champs de bataille où tout rampe, se cache, se terre et s'enterre, la supériorité d'un tir

effectué contre les abris, les tranchées, les localités
avec de gros projectiles explosifs, à ces tacticiens qui
parlaient au nom de la logique, du bon sens, certains
artilleurs — et non des moins influents — opposaient
le dogme de l'infaillibilité du 75, de l'universalité du
75 capable de tous les tirs et de tous les résultats.

L'artillerie lourde de l'armée bulgare consistait sim-
plement, au mois d'octobre 1912, en un groupe de 3 batteries à 4 pièces de 120^{mm} à tir rapide Schneider-Canet.

Il avait été décidé que l'armée de campagne ne s'en-
combrerait pas de ce matériel gênant qui fut mis à la
disposition du commandant du corps de siège d'Andrinople.

Sous le poids des événements, la marche sur Tchataldja entamée, le groupe de 120 dut rejoindre le corps
de bataille à Ermeniköj. Arrivé le 15 novembre, il fut
immédiatement établi devant le secteur qui semblait
indiqué pour l'attaque principale bulgare, en raison des
facilités d'approche : à 3 kilomètres d'Akalan, une batterie au nord-est du village, deux batteries au sud-est.

C'est dans ce secteur que la IIIe armeé, constituée
d'après le nouvel ordre de bataille par les 3e, 4e, 5e,
9e divisions, avait pris son dispositif préparatoire de
combat.

Objectifs : pour la 3e division, les pentes montant de
Lazarköj et Dag-Jeniköj vers l'ouvrage de la Caserne;
pour la 9e division, le fort de Kirdjali et l'ouvrage n° VII;
en deuxième ligne la 4e division vers Akalan et la
5e vers Sofas; quartier général à Ermeniköj.

La Ire armée, formée des 1re, 6e, 10e divisions et division de cavalerie, était réunie au sud de la IIIe.

Objectifs : pour la 6e division, les ouvrages de Gaji-

Bajir; pour la 1re division, les pentes de Mahmoudié
et Ahmed-Pacha, en deuxième ligne une brigade de la
6e division au nord-ouest de Tchataldja et la 10e division au sud-ouest de la localité; à l'aile droite, la divi-

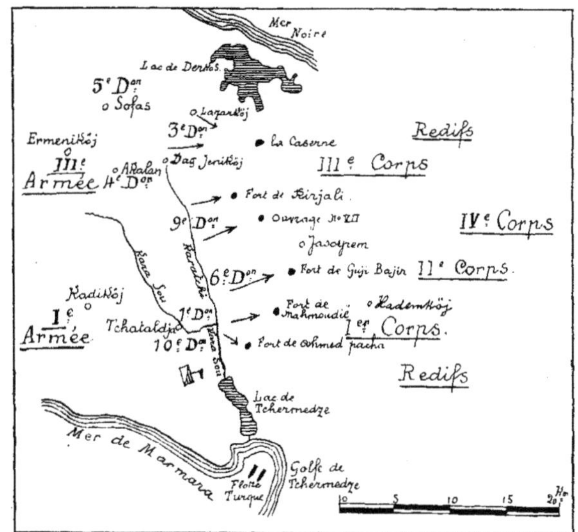

CROQUIS N° 11. — Lignes de Tchataldja.

sion de cavalerie; quartier général à Kadiköj.

Le fait saillant du dispositif bulgare est l'abondance
des réserves.

Sur sept divisions, soit 140.000 hommes, trois divisions
entières, soit 60.000 hommes, sont maintenues en réserve.

Au centre et à chacune des deux ailes, 20.000 hommes
restent disponibles, prêts à foncer sur le point où

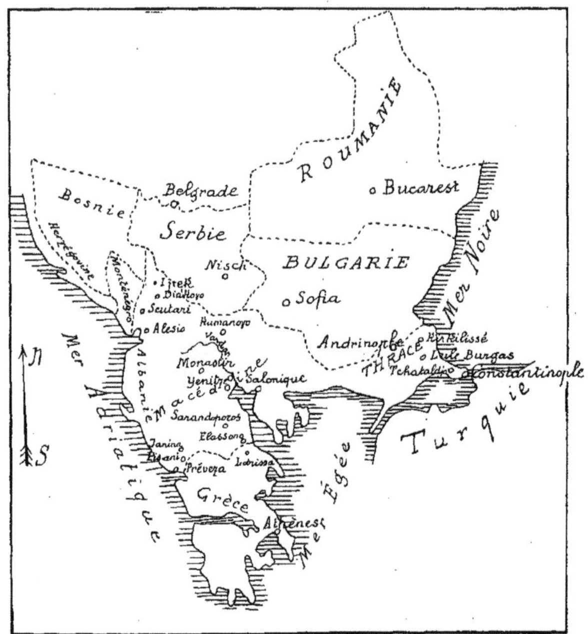

CROQUIS N° 12. — Le théâtre de guerre balkanique.

fléchira la ligne de défense turque.

Réserves considérables qui ne devaient pas être

utilisées, car il ne se produisit pas d'action principale.

La bataille de Tchataldja se réduisit à un engagement meurtrier sur tout le front dans la journée du
17 novembre, à de vigoureuses contre-attaques menées
de part et d'autre dans la nuit du 17 au 18 et dans la
matinée du 18, contre-attaques qui tournèrent nettement à l'avantage des Turcs.

A midi, les Bulgares étaient délogés de toutes les
tranchées qu'ils avaient enlevées.

A 14 heures l'ordre était donné de ne plus renouveler
les attaques.

Le 19 novembre, une canonnade nourrie couvrait la
retraite des Bulgares qui, abandonnant le champ de
bataille, allaient occuper une ligne de défense préparée
sur la rive ouest du Karatchi, à 5 ou 6 kilomètres des
positions turques.

C'était déserter la lutte sans passer à l'effort sanglant
qui seul pouvait donner la victoire.

Les 60.000 hommes maintenus en réserve ne furent
pas lancés à l'attaque.

Une brigade de la 4e division fut bien portée au feu
le 18 au matin. Mais c'était uniquement pour boucher
un vide qui s'était produit, sur le front de la 9e division, entre les 4e et 17e d'infanterie, au moment de la
retraite précipitée de ces deux régiments. La brigade
se contenta de faire face à l'offensive turque sans poursuivre l'action.

Le haut commandement bulgare se refusa donc à
mettre en œuvre ses moyens d'action dans cette ba-

taille de Tchataldja, livrée aux portes de Constantinople, et qui devait être la bataille décisive !

Un renoncement aussi grave ne s'explique pas seulement par un manque de « virilité » à la suite des grosses pertes subies dans la première phase du combat — 10.000 hommes — ni par un défaut de confiance dans l'armée que la dysenterie et le choléra venaient d'atteindre, et dont le moral, — il faut le reconnaître, — avait baissé depuis Lule-Burgas, tandis que celui des Turcs s'était relevé.

La décision du tsar Ferdinand de Bulgarie : « stopper, ne plus attaquer », ne reposait pas seulement sur les contingences du théâtre d'opérations de Thrace.

Elle s'inspirait de la situation générale sur le théâtre de guerre balkanique.

En Macédoine, les Serbes viennent de remporter une grande victoire sur le corps de bataille principal ottoman. Après avoir débordé l'armée de Zekki pacha à Kumanowo, ils l'ont cernée à Monastir.

Les Grecs, débouchant facilement sur Elassona, ont brisé la résistance de Tashim pacha au défilé de Sarandoporos, sur les lignes de Yenitze —Vardar et sont entrés à Salonique. A l'est, leur armée d'Épire s'avance victorieuse sur la route de Janina et vient de donner les premiers assauts à Pisani.

Vers l'Albanie, les Monténégrins ont jeté un petit corps de blocus devant Scutari; aidés par les Serbes, ils viennent de contraindre Alesio à capituler. Sur leur théâtre d'opérations du Nord, ils ont enlevé Ipek puis Diakovo.

A Andrinople, le général Ivanof resserre l'investis-

sement, renforcé de deux divisions serbes transportées
par chemin de fer après la victoire de Kumanowo.

Partout, c'est pour les Turcs la défaite ou l'étreinte
menaçante.

Ils ne peuvent tarder à demander grâce. Des pour-
parlers d'armistice sont engagés.

Serait-il sage, dans ces conditions, de s'acharner à
briser, au prix de milliers de vies humaines, les lignes
de Tchataldja, pour atteindre Constantinople, où la
Russie ne laissera pas cueillir le « fruit défendu »?

Le tsar Ferdinand ne le pense pas.

Sa haute et perspicace intelligence politique a réalisé l'accord balkanique.

Elle prévoit le désaccord balkanique.

Déjà, au fond du golfe de Salonique, une fissure
s'est produite dans l'entente lorsque les légions du prince
Constantin de Grèce et la division bulgare du général
Théodorof se sont heurtées sur leur objectif commun.

La fissure ne va-t-elle pas s'étendre à travers le mas-
sif macédonien, où les Serbes viennent de s'installer
en vainqueurs sur des territoires que le traité d'alliance
a attribués à la Bulgarie?

Au lieu de poursuivre son offensive meurtrière,
l'armée bulgare, retranchée à Tchataldja, va se renforcer afin d'être prête à tout événement.

La parole est aux diplomates.

CHAPITRE II

LES FLANDRES

Les Alliés ont subi la surprise du nombre.

Couverte par la valeureuse résistance des Belges, renseignée par ses organes d'exploration sur la manœuvre débordante qui menaçait son aile gauche, l'armée anglo-française, après une offensive infructueuse vers le Luxembourg Belge et la Sambre, s'est repliée pour se reconstituer face à l'attaque principale.

Le général Joffre n'a pas laisser se dissocier son corps de bataille, et une circonstance favorable se présentant au moment où ses armées du centre et de gauche atteignaient la région comprise entre la Marne et la Seine, il a contre-attaqué les armées allemandes de poursuite et les a forcées à la retraite.

« Après la victoire, une poursuite sans trêve ni merci, exploitant
« toutes les énergies jusqu'à leurs dernières limites, doit assurer la
« complète destruction des forces matérielles et morales de l'ennemi.

« Il faut mettre, à tout prix, l'adversaire dans l'impossibilité
« de recouvrer une cohésion suffisante pour affronter à nouveau
« la lutte. En redoublant d'acharnement et d'audace dans la
« poursuite, le chef victorieux et ses troupes obtiendront des
« résultats tellement décisifs qu'une seule grande bataille suffira
« peut-être pour décider du sort de la guerre (1). »

(1) Décret du 28 octobre 1913 portant règlement sur la conduite des grandes unités.

La grande victoire de la Marne, malgré les pertes d'hommes et de matériel infligées aux vaincus, ne devait pas suffire pour imposer la paix.

La poursuite fut limitée, et limitée à l'Aisne, plus tôt qu'on ne l'escomptait.

Peut-être y eut-il, à la suite de cette marche en retraite si admirablement coordonnée de la frontière à la Marne, certaines défaillances, certains retards dans la reprise générale du mouvement en avant.....

Il faut surtout reconnaître, en écartant le cauchemar de leurs attentats criminels et barbares, que les Allemands sont des guerriers admirables.

Von Kluck, pris dans la tenaille Maunoury, French, d'Esperey, a su, la part du sacrifice faite, habilement se dégager.

Von Bulow, les Saxons, les Wurtembergeois, vivement menés par les armées Foch et de Langle, ont trouvé sur leur itinéraire de retraite le repli qu'on avait pris la sage précaution de préparer.

Le général Sarrail avait fourni un effort remarquable en « tenant le coup » malgré la puissante offensive dirigée contre son centre à Revigny, sa droite à Clermont, malgré la menace qui s'était dessinée sur ses derrières vers les Hauts de Meuse. Il ne pouvait pas, le centre et la gauche du corps de bataille français stoppant, lâcher Verdun et foncer tête perdue sur l'armée du Kronprinz et le flanc des Wurtembergeois.

La poursuite se trouve donc enrayée sur l'Aisne.

Dès lors, ce fut la « course à la mer », analysée

par le *Bulletin des Armées* dans son numéro du 5 décembre :

« Dès le 13 septembre, la résistance allemande, appuyée sur
« de fortes organisations défensives préparées à l'avance, nous
« interdisait d'espérer que la poursuite pût se continuer sans
« arrêt. Une nouvelle bataille commençait.

« Dans cette bataille, l'État-major allemand garde l'espoir de
« tourner notre gauche, comme nous formons celui de déborder
« sa droite.

« Le développement de ces deux efforts caratérise cette phase
« de la guerre.

« Il en résulte une lutte de vitesse qui, à la fin d'octobre, pro-
« longe jusqu'à la mer du Nord les fronts en présence; c'est
« véritablement la « course à la mer ».

« Dans cette course, les Allemands ont sur nous un avan-
« tage : la forme concentrique de leur front qui abrège leurs
« transports.

« Malgré cet avantage, le mouvement enveloppant de leur
« droite, poursuivi avec douze corps actifs, six corps de réserve
« et quatre corps de cavalerie, a totalement échoué.

« Cet échec a été la confirmation de la victoire de la Marne.

« Dès le 11 septembre, le général Joffre a orienté contre la droite
« allemande l'effort de l'armée Maunoury. Mais cette armée, avec
« les effectifs dont il dispose, ne peut suffire à la tâche.

« Vers le 20 septembre, une nouvelle armée est donc constituée
« à la gauche de l'armée Maunoury et confiée au général de
« Castelnau.

« Cette armée s'établit fortement dans la région de Lassigny—
« Roy—Péronne, appuyée à sa gauche par les divisions territo-
« riales du général Brugère (21-26 septembre).

« Mais pour atteindre notre but, ce n'est pas encore assez, et le
« 30 septembre, plus haut que l'armée de Castelnau, c'est l'armée
« de Maud'huy qui entre en ligne, occupant la région d'Arras et de
« Lens et se prolongeant ners le nord pour donner la main aux
« divisions sorties de Dunkerque.

« Ce n'est là, toutefois, en présence de l'énorme effort de l'en-
« nemi, qu'un cordon de troupes trop mince et trop tendu.

« A ce moment, à la demande du maréchal French, le transport

« de l'armée anglaise de la région de l'Aisne à la région de la Lys
« est décidé.

« De même, la vaillante armée belge, sortie d'Anvers le 9 octobre
« et couverte par des marins anglais et français, viendra dans la
« région de l'Yser renforcer la barrière qu'il faut créer et main-
« tenir.

« Mais ces événements prennent du temps. L'armée anglaise
« ne pourra entrer en action sur son nouveau théâtre que le
« 20 octobre. L'armée belge, d'autre part, qui vient de se battre
« trois mois, manque momentanément de munitions.

« Le général en chef n'hésite pas et prescrit un nouvel effort.

« Dès le 4 octobre, il a chargé le général Foch d'aller coordonner
« sur place les opérations des armées du Nord.

« Le 18, il met à sa disposition des renforts qui, constamment
« accrus jusqu'au 12 novembre, vont constituer l'armée fran-
« çaise en Belgique sous les ordres du général d'Urbal.

« Cette armée, de concert avec les Belges et un corps anglais,
« opérera désormais entre la mer et la Lys.

« Le *Journal de Genève*, appréciant cette période de la guerre,
« a écrit que le commandement français, par la rapidité et l'am-
« pleur de ses transports, y avait témoigné d'une « maîtrise incom-
« parable ».

« Le résultat de cet effort, c'est la faillite totale de l'attaque
« allemande dans les Flandres.

« Cette attaque allemande, que le *Bulletin des Armées* a déjà
« retracée dans son numéro du 25 novembre, va être d'une vio-
« lence inouïe.

« Douze corps d'armée et quatre corps de cavalerie sont accu-
« mulés entre la Lys et la mer.

« L'Empereur est venu sur place prendre la direction des opé-
« rations.

« Des proclamations adressées aux troupes leur ont rappelé
« qu'il s'agit maintenant de frapper le « coup décisif ».

« Ce coup décisif, c'est soit de percer en longeant la mer, pour
« atteindre Dunkerque, Calais, Boulogne, soit de percer sur Ypres
« et de proclamer l'annexion de la Belgique.

« Pour y réussir, l'État-major allemand, trois semaines durant,
« procède par attaques répétées, furieuses, en masses profondes,
« que décime l'artillerie des Alliés.

« Dès le 12 novembre, il nous est permis d'établir le bilan de

« ces assauts, confirmé par les semaines suivantes, et ce

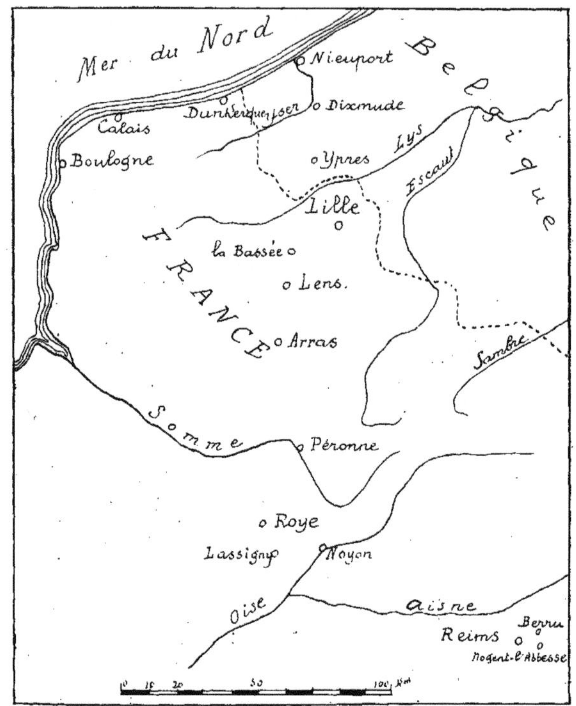

CROQUIS N° 13. — La « course à la mer ». — Les Flandres.

« bilan est pour nous une victoire.

« De la mer à Dixmude, l'armée belge, le général Grossetti
« et l'amiral Ronarch ont tenu d'abord la ligne du chemin de fer
« de Nieuport à Dixmude, ensuite la rive gauche de l'Yser.

« L'ennemi, qui avait poussé un corps d'armée sur la rive gauche,
« a dû se retirer. Il n'a jamais pu déboucher de Dixmude.

« Plus au sud, de Dixmude au nord d'Ypres, même situation.

« Les Allemands qui, le 10 novembre, ont franchi la rivière en
« deux points, ont été repoussés de l'autre côté, et c'est mainte-
« nant le général Humbert qui a sur la rive droite les têtes de
« pont.

« A l'est d'Ypres, les généraux Dubois, Balfourier et Douglas
« Haigh n'ont pas cédé en trois semaines un pouce de terrain.

« Au sud, où l'attaque allemande a été particulièrement ardente,
« parce qu'elle visait nos communications, nos troupes et les
« troupes anglaises ont regagné tout le terrain un moment perdu
« et s'y s'ont installées d'une façon inexpugnable.

« Dans la seconde quinzaine de novembre, l'attaque allemande,
« brisée, s'est ralentie. L'infanterie s'est de moins en moins enga-
« gée. L'artillerie même a montré de moins en moins d'activité.

« L'ennemi, dans la seule bataille d'Ypres, a perdu au moins
« 120.000 hommes.

« Jamais offensive plus soigneusement préparée, plus furieuse-
« ment menée, n'a subi échec aussi complet.

« Pendant que cette grande bataille se livrait en Belgique, la
« guerre a continué sur le reste du front, prenant le caractère
« d'une guerre de siège, de tranchée à tranchée, opposant les unes
« aux autres des organisations défensives également formidables.

« Il est superflu d'insister sur le mérite qu'ont eu nos troupes
« à soutenir cette guerre pied à pied, à ne jamais céder et à pro-
« gresser souvent malgré la charge que leur imposait le transport
« dans le Nord d'effectifs importants français et anglais.

« En liaison directe avec les armées du Nord, l'armée du général
« de Maud'huy et celle du général de Castelnau tiennent, sans
« un seul fléchissement, du milieu d'octobre à la fin de novembre,
« le front de la Lys à Noyon.

« Depuis la fin d'octobre, leur progrès est continu : affermis-
« sement de nos positions à Arras et à La Bassée; prise du Ques-
« noy-en-Santerre; avantage constant acquis à notre artillerie et
« à notre infanterie en toute rencontre avec l'ennemi.

« Entre l'Oise et l'Argonne, les armées Maunoury, d'Esperey

« et de Langle de Cary trouvent en face d'elles des positions très
« fortes, hauteurs de l'Aisne, de Berru, de Nogent-l'Abbesse, de
« Moronvilliers, élévations boisées de l'Argonne Occidentale.

« En septembre, elles ont à soutenir une attaque générale
« très rudement conduite. Cette attaque est repoussée, notamment
« à l'est de Reims, le 26 septembre.

« L'Empereur a assisté à cet échec de ses troupes, comme huit
« jours plus tard à celui d'Ypres.

« De notre côté, à des offensives violentes, qui risquaient d'être
« plus onéreuses que productives, on a substitué des opérations
« de moindre envergure qui nous ont permis souvent de gagner
« du terrain.

« De l'Argonne aux Vosges, même état de choses.

« Nos armées — armée Sarrail et armée Dubail — remplissent
« avec méthode et succès la tâche qui leur est confiée de protéger
« notre flanc droit contre toute attaque partie de Metz—Thionville;
« maintenir en face d'elles, par une offensive continue, le plus
« grand nombre possible de corps allemands; libérer, autant que
« faire se peut, le sol national occupé par l'ennemi, notamment en
« Woëvre et autour de Verdun.

« Dans une première période (13-29 septembre), l'ennemi prend
« le dessus, s'installe à Saint-Mihiel, pénètre sur les Hauts de
« Meuse et serre de près Verdun.

« Dans une seconde période (1er octobre-30 novembre), nous
« ressaisissons l'avantage.

« Nous donnons de l'air à Verdun. Nous fermons à l'ennemi le
« débouché de Saint-Mihiel. Nous progressons à l'est de Nancy,
« définitivement à l'abri des obus allemands, au nord de Luné-
« ville, au nord-est et à l'est de Saint-Dié.

« En novembre, nous avons reconquis, entre Belfort et la
« Moselle, la presque totalité du territoire envahi. »

Cet exposé — sobre et magistral — de la bataille
des Flandres, de la guerre de siège vaillamment soutenue
de la Lys jusqu'aux Vosges, méritait d'être rappelé au
lecteur.

Notons d'abord l'hommage rendu à nos alliés.

Les Belges, après l'héroïque résistance de I iége et d'Anvers, après trois mois de combat, viennent se reconstituer à notre gauche, à leur place normale de bataille. Il n'y a plus qu'un mince lambeau du territoire belge sauvé de l'occupation allemande. C'est là le poste d'honneur du roi Albert et de son état-major.

Les Anglais, après avoir joué un rôle brillant sur la Marne, repoussent avec entrain l'attaque allemande dans les Flandres. « Noblesse oblige » pour les petits-fils du duc de Wellington !

Le jugement extrait du *Journal de Genève* sur la « maîtrise incomparable » dont le commandement français a témoigné par la rapidité et l'ampleur des transports réalisés est à retenir.

Le grand organe suisse fait allusion aux renforts considérables envoyés en toute hâte aux armées du Nord dont le général Foch avait reçu le commandement le 4 octobre, avec la délicate mission de coordonner sur ce théâtre d'opérations toutes les énergies belges, anglaises et françaises.

« Ce fut pendant trois semaines, dit le *Bulletin des Armées* « du 25 novembre, le règne du chemin de fer et de l'automobile. « Nuit et jour des troupes roulèrent. Elles arrivèrent à temps. « Divisions et corps d'armée, moins nombreux que ceux de l'en- « nemi, mais animés d'un admirable esprit, s'engagèrent à peine « débarqués. Un mois durant, ils furent au front. »

Cet « admirable esprit » des contingents français est encore souligné par quelques lignes élogieuses dans la conclusion de l'exposé officiel :

« Tels sont les faits essentiels de la campagne dans leur enchaî- « nement véridique.

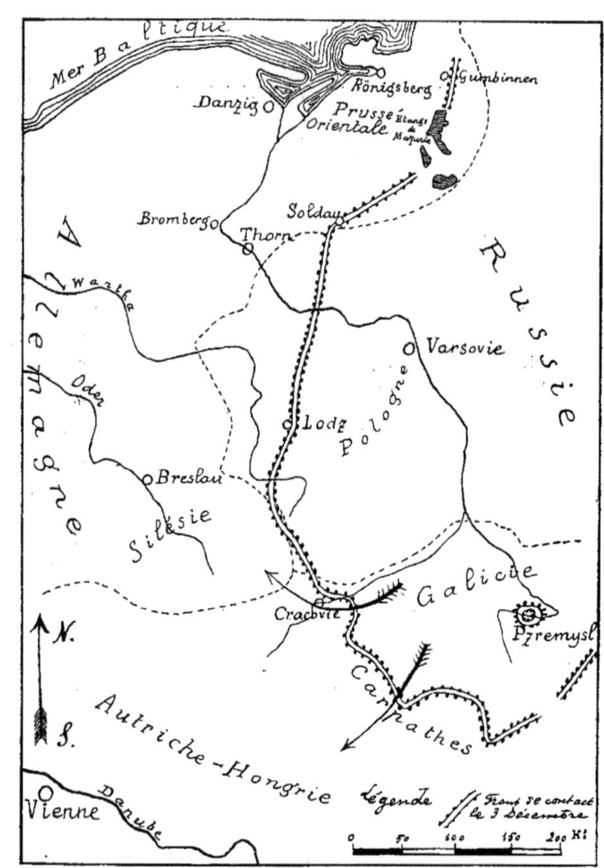

CROQUIS Nº 14. — Le théâtre de guerre russo-austro-allemand.

« On sait de quels actes héroïques ils ont été l'occasion pour
« nos troupes. . . . .
« ...,. La qualité de la troupe s'est infiniment améliorée. Nos
« hommes font aujourd'hui la guerre en vieux soldats. Ils sont
« tous profondément imbus de leur supériorité et ont une foi
« absolue dans la victoire. »

Quand l'heure de la victoire sonnera-t-elle?

La lutte n'est pas limitée à la frontière de France.

« De plus en plus, dit le communiqué officiel du 5 décembre, la
« Russie affirme sa supériorité aussi bien contre l'Allemagne
« que contre l'Autriche.
« L'arrêt des armées allemandes est donc fatalement condamné
« à se changer en retraite. »

Il est certain que si l'avance russe se produisait soit
sur Breslau, Cracovie tombée et le corps de bataille
allemand de Pologne fixé, soit sur Vienne, la résistance
austro-allemande dans les Carpathes brisée, l'événement pèserait d'un grand poids sur les destinées de
la guerre.

L'intervention d'États restés neutres jusqu'à ce jour
pourrait aussi modifier les conditions du facteur « temps ».

Enfin des avances pacifiques se sont dessinées à certains horizons.....

La seule paix acceptable est celle qu'a définie le Pré-
sident de la République en remettant la médaille militaire au général Joffre :

« Une victoire indécise et une paix précaire exposeraient demain
« le génie français à de nouvelles insultes de cette barbarie raffinée

« qui prend le masque de la science pour mieux assouvir ses
« instincts dominateurs. La France poursuivra jusqu'au bout,
« par l'invincible union de tous ses enfants et avec le persévérant
« concours de ses alliés, l'œuvre de libération européenne qui est
« commencée, et lorsqu'elle l'aura couronnée, elle trouvera, sous
« les auspices de ses morts, une vie plus intense dans la gloire,
« la concorde et la sécurité. »

Cette paix, c'est la paix française avec l'Alsace et la
Lorraine restituées à la mère patrie, avec notre frontière stratégique assurée.

Un tel résultat est actuellement encore au-dessus de
l'effort des diplomates les plus avisés.

La parole reste au canon.

Et quand le général Joffre jugera le moment venu,
il lui suffira de faire le geste : « En avant! » L'armée
française se ruera derrière lui à l'offensive victorieuse.

CONCLUSION

Les événements de 1912 et ceux de 1914 se prêtent
à certains rapprochements.....

Mais, comparée à la mêlée actuelle, la guerre turco-
balkanique est une guerre lilliputienne.

Le front des forces bulgares sur la frontière de Thrace
était de 120 kilomètres à la réunion initiale. Il tomba à
100 kilomètres à Kirkilissé, 50 kilomètres à Lule-Burgas,
30 kilomètres à Tchataldja.

Les armées allemandes se sont concentrées de Liége
à Bâle sur un front de 360 kilomètres qui aboutit à un
déploiement stratégique de 520 kilomètres de Nieuport
à Bâle.

La bataille de la Marne a été livrée sur 200 kilomètres.
C'est le front des grandes batailles du premier Empire,
non pas quintuplé comme on le présumait générale-
ment, mais décuplé.

Et dans cette rencontre mémorable — la seule du
genre — le génie français a triomphé sous l'égide de la
doctrine napoléonienne.

A la bataille de la Marne ont succédé, selon l'ex-
pression du général Bonnal, des « sous-batailles ».

C'est la sous-bataille de l'Aisne, de Reims à Compiègne
par Berry-au-Bac, puis de la Somme, de Lassigny à

Albert, de l'Artois autour d'Arras, des Flandres, de La Bassée à Nieuport.

Ces batailles d'armées, engagées sur des fronts de 60 à 100 kilomètres, se rattachent toutes à une même conception d'ensemble.

La bataille générale est la résultante des unes et des autres.

Pour la conduite stratégique de la bataille générale, le commandant en chef coordonne les opérations en adaptant son idée maîtresse aux circonstances.

C'est l'école française de la Volonté combinée avec l'Événement.

Elle triomphera de l'école allemande : Obstination et Orgueil.